JN085301

キャリアコンサルタント 資格取得後の教科書

―学卒就職支援現場で必要な知識とスキル―

三野 明弘 著

はじめに

―学生支援のためのキャリアコンサルタントの支援の質の確保について―

　本書は、キャリアコンサルタントとして、大学など学校やハローワークその他の職業紹介の現場で学生や若年者等の求職者支援を担当されている方を主な対象として作成しています。

　ご存じのとおり、キャリアコンサルタントは、相談学生（以下CL）のキャリアコンサルティングを行うために必要なキャリア形成に関する理論や関連

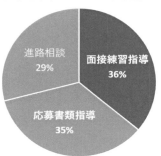

大学キャリアセンター相談割合

進路相談 29%
面接練習指導 36%
応募書類指導 35%

参考：2021、2022大阪府立大学実績

の知識およびメンタルヘルスを含む、カウンセリング理論を学んだ資格取得者です。しかし、実際の現場では資格取得のために学んだこれらの知識以外に求職者個々が求める「採用されるため」に必要な応募書類作成や面接対策など採用時の人物評価対策を支援するスキルが求められます。大学キャリアセンターでは、個別のキャリアカウンセリングのほとんどの時間がこれら応募書類作成や面接練習に費やすケースが多いのが実情です。

　これらは国家資格キャリアコンサルタント資格取得時に求められていないスキルであり、指導の内容も個々のキャリアコンサルタントの経験や個人の文書作成能力等に大きく依存しており、「国家資格キャリアコンサルタント＝応募書類作成支援や面接指導ができる人」ではない状況が多々見受けられます。

　この現状は、キャリアコンサルタントの力量を測れない立場で相談に訪れる求職者が、自分の担当するキャリアコンサルタントによっては、求職活動という時間的、経済的制約の中で求める必要な支援（コンサルタント）を受けられないだけでなく、「求職者の期待に応えられない」

という点で、個々のキャリアコンサルタントおよび国家資格キャリアコンサルタント制度自体の信頼を損なうことにも繋がりかねません。

　学生から持ち込まれる「応募書類作成」「面接スキル」支援の課題に対し、キャリアコンサルタントが的確な支援を実施するためには、キャリアコンサルタント資格取得の養成講座だけの知識では対応が不可能です。しかし「応募書類作成」や「面接対策」の支援を求めて相談してきた学生に対し、「プロ」のキャリアコンサルタントには学生が納得し満足できる支援を提供することが求められています。

　また、大学としても、出口戦略として在学生に高い満足度を与えるキャリアセンターを設置できているかが問われています。残念ながら日々の個々の学生の就職活動の地道な対応が大学経営サイドや教授会などアカデミア側の人間には見えにくくなっています。とりあえず「国家資格キャリアコンサルタント」を配置しておけばいいだろうとの判断をされている場合が多く、経験不足のキャリアコンサルタントや派遣のキャリアコンサルタントに学生相談を丸投げしてる大学は、多数の大学生を相手にする企業採用担当者からは、学生の応募スキルから「まともな就職スキルを支援されていない学生が多い大学」と容易に認識されています。このような大学は、外部の就職支援窓口などに学生から「うちの大学のキャリアセンターは役に立たない」「ガイダンスは全て学外講師がやっている＝キャリアセンター職員にはガイダンスができる人がいない」「大学職員から根拠の乏しい思い付きの助言をされた」との評判が流布され、大学として世の評価を下げる効果となり、優秀な学生が入学してこない原因にもなり得ます。これは、最終的な卒業生の就職率や数だけを大学経営目標や評価目標にしている大学の特徴です。入試広報にばかり力を入れ、学生への進路サービスの「質」と「学生満足度」に目を向けないと長期的に入学志願者の確保と入学者の質は明らかに低下します。しかし経営サイドからは見えないのが実情です。

　このことを踏まえ、本書では、大学に配置すべきキャリアコンサルタントの質として、日常の学生の課題に対して、単なる資格取得者を雇い

配置するのではなく、「配置すべきキャリアコンサルタントにはどのような基本的な学生支援知識と技量が求められているか」を知っていただく意味もあります。

　その説明役を私が完全に果たせるかは疑問ですが、私は、国や様々な機関で採用活動や採用後の職員育成から人員配置、公務員採用試験など採用側の人事責任者を長く経験しました。また、労働局での若者就労支援をはじめ国公私立の大学、短大のキャリアセンターで学生を社会に送り出す側の責任者として採用サイドと就活サイドの両面の経験を積んできました。また、組織人事責任者として個人や組織の「評価」の理論設計を経験しました。現在は、大阪府社会保険労務士会から労働契約をはじめ労働法制の専門家として労働者と使用者間のあっせん相談などの労働現場で発生する様々な問題を大学生に講義する役割も仰せつかっています。これらのノウハウを、個々のキャリアコンサルタントの皆さんが資格取得後に実際の現場で直面し、対応に戸惑う求職者が求める「採用されるため」に必要な応募書類作成や採用されるために面接で伝えるスキル提供の情報として拙書にまとめました。

　キャリアコンサルタントの皆さんには、求職者が求める支援に活用できる知識として本書を役立てていただければ幸いです。

　本書は、学卒求職者をモデルにその支援の内容別に記述しています。キャリアコンサルタントだけでなく、大学キャリアセンターで日々学卒者の就職支援をされている方々および、ハローワーク等職業紹介事業で様々な求職者支援に関わっている方々に有用なだけでなく、その他の求職者支援や特に採用側の企業や公務員試験での採用担当の人事の方にも学生を送り出す側の支援の内容を知っていただき、適切な人材選考のお役に立てればと思っています。

2023年吉日

元　大阪公立大学中百舌鳥キャンパス

（大阪府立大学）キャリア支援室長　三野 明弘

目次

3. エントリーシート作成支援編

4. 採用面接の実践指導編

5. グループディスカッション指導編

1

学生の「応募書類作成」や「面接対策」に必要なキャリアコンサルタントの支援

大学キャリアセンター等でキャリアコンサルタントが相談学生（以下「CL」）に最初に行うインテークや関係構築はとても重要です。本冊子では、個々のキャリアコンサルタントが資格取得に必要な最低限のCLとの面談インテークや関係構築スキルが「備わっている」ことを前提として関係構築の記述は省略しています。また、大学キャリアセンターの組織的役割として、学生に対する求人情報や企業情報など（インターンシップや合説など行事開催含む）発信していることを共有しており、労働市場の動向に関わるプロとして、産業構造の変化や経済市況、労働者の働き方指向および労働法制についても、当然個々のキャリアコンサルタントがそれらの知識を有していることを前提としています。

ここでは、この冊子の目的である学生から持ち込まれる企業にエント
リーするための「応募書類作成」と「面接対策」について、以下1－1で
最初に学生の相談を受けたキャリアコンサルタントが現場でどのように
「応募書類の作成」の観点を捉え、支援していくかを説明します。次に1
－2では、「面接対策」の観点と支援について記します。

1-1 「応募書類の作成」の支援 ―キャリアコンサルタントに必要な知識とスキル―

　就職活動をしている学生がキャリアコンサルタントに応募書類に関す
る相談の主訴（初訴）で代表的なものは、**①各設問に何をどう記述すれ
ばいいか？（記述方法指南）　②記述した応募書類の添削希望**　の2点
です。以下で①、②についてキャリアコンサルタントに求められる支援
技法を紹介します。

**①応募書類の代表的な設問（「志望動機」「自己PR」「学生時代に力を入
れたこと」「大学での専門分野・研究内容」）には、何をどう記述すれ
ばいいか？**

　この主訴の学生には2つのパターンがあります。1つはエントリーシー
ト作成経験が少なく、記述の基本を知りたい場合、もう1つはこれまで
複数のエントリーシートを作成して書類選考が通過しない（又は、通過
率が悪い）場合です。これら学生の主訴にキャリアコンサルタントは、
相談学生が満足できる説明や支援を提供できているでしょうか？

　両パターンの学生に必要な情報は、採用側の観点です。すなわち「な
ぜ、その設問が学生を採用するために必要で、記入させているのか？」
という採用側の意図の理解です。これは、キャリアコンサルタントの養

成講座や資格試験の知識だけでは対応困難だと思います。これらの学生相談に対応するキャリアコンサルタントには、以下の知識とスキルが必要だと考えます。

①-1 「採用側がなぜこの設問を記述させているか」を理解し、説明できる基礎知識

　これは長年、学卒採用に携わり経験則で理解している者でないと答えられない可能性があります。多数の応募者のエントリーシートを読み、検討し選別した経験を分析して理解し、はじめて他者に説明できるものだからです。そのため、そのような経験がないキャリアコンサルタントが学生の相談に対応するには必要最小限キャリアコンサルタント自身が以下の理解をしておく必要があると考えます。

・**「志望動機」**は、①応募者の「自己理解」と「仕事の目的（お金を稼ぐ以外の）」②「応募企業の認識」と「リスペクト」③「採用後の就労イメージ」と「具体的な貢献意識」の有無の3つを確認するため、広くエントリー時に記述を求めています。

　①の「仕事の目的」は自己理解に基づく「やりがい」の要素です。プロの人事担当者は、これが志望動機で読み取れない応募者は早期離職の可能性を危惧します。

　②の「応募企業の認識」は企業の業績や働く環境、処遇の認識事実だけの記述では、書類選考に通過可能性は低くなりがちです。その企業認識に対して応募学生自身がどう評価しているかが問われています。ここで「企業をどうリスペクトしているか」がわかります。

　③の「採用後の就労イメージ」は応募者が採用後に実際にどのような貢献が期待できるかを応募者自身に記述させることに意味があります。志望の動機にこれがないと多数の応募者に埋没するだけでなく「私

が貴社で貢献できるかどうかは、採用側が考えてくれ！」と主体的に応募したことになっていません。採用担当者が志望動機を読んで「この応募者を採用したら会社にこんな効果が期待できる！」と感じさせれば書類選考の通過率が明らかに向上します。

・「自己PR」は、採用に必要な能力のアピールと捉えることができそうですが、実は中途採用と異なり学卒採用の場合は、どちらかというと応募者の「内面」の成熟度を確認するために使用されることが多いと認識しています。「この学生の内面（性格や考え方等）が社会や組織で通用するものが備わっているか？」です。初めて正社員として社会に出る学生を採用するので、内面を確認しないと怖くて採用できないからです。その1つの物差しが「社会人基礎力」です。

・「学生時代に力をいれたこと（ガクチカ）」は、「自己PR」との違いを理解できていない学生が多数です。これは応募者の「経験」の成熟度を確認するために使用されています。「この学生は社会や組織で働くのに必要な経験を積んでいるか？」です。「自己PR」の内面に対して、「経験」という外から客観視できる情報で内と外の両面で人物評価していると捉えることができます。自己PRと異なり内省的なものよりも、組織でのコミュニケーション能力などを確認できる項目でもあります。これも1つの物差しは「社会人基礎力」です。多面的な人物評価に使用されるので「自己PR」との棲み分けを意識する必要があります。

・「大学での専門・研究内容」は、学問が学生としての本分であり、大学進学時に興味の延長線上としてあらゆる学部・学科の選択肢から選んで入学していることから就職に最も影響する興味特性を推し量

るだけでなく、自身が学生としてすべきことに正面から真摯に取り組んでいることを伝えることで人物の信頼性を確認できます。特に専門性の高い専門分野や研究をしている学生はそれ自体が就職の強力な武器になり得るものです。専門外のキャリアコンサルタントは、ややもすると単に誰にでもわかる平易なわかりやすい内容で記述することを指導してしまいがちです。しかし、多数の応募者からセレクトされるためには、理系の研究など高度な専門性をアピールするために専門用語や学術用語を用いることを指導する必要があり得ます。相談者に信頼されるキャリアコンサルタントには、どのような専門分野にも対応できる高度な教養が求められる場合があり、常日頃の研鑽が必須です。

採用側の担当者も自分たちのエントリーシートに記述させている設問の意味を理解していない場合があります。応募学生が記述内容を併願先企業と使い回しできないように企業の独自色のある設問を設定される場合がありますが、深く考えずに作成されている場合は、採用側の意図が全く掴めず、支援に難渋するケースもあります。逆に深く設問を練り上げ明確な意図がわかる採用のプロ中のプロが作成されている企業のエントリーシートの場合は、本気で当該企業に応募している学生には、自身の特長を記述しやすく上記設問の目的の延長線上でキャリアコンサルタントの支援もやり易い傾向にあります。

採用側はこの三要素で何を知りたいのか

重要！

1. あなたが、就職する目的はなんですか？

志望動機

①この学生はどんな軸で就職先をさがしているか？
②自分たちの会社をどう見ているのか？
③会社にどう貢献してくれる学生か？

2. あなたは、社会人として社会や組織で通用する性格・思考・行動が備わってますか？

自己PR

①自分の内面（性格や特長）をどう分析・認識しているか？
②上記の具体的な証拠を示しているか？
③自分の内面が社会でどう活かせると考えているのか？

3. あなたは、社会人として働くために役立つ経験をしていますか？

ガクチカ

①自分の経験をどう分析・認識しているか？
②上記の具体的な証拠を示しているか？
③自分の経験が社会でどう活かせると考えているのか？

(①-2) **「文書作成の基本構成」を理解し、説明できる知識**

大学での論文作成や課題提出などの経験を積んで学生は本来、必要最小限の文書作成スキルを習得していることが前提です。キャリアコンサルタントには、大学での課題提出などの記述とは異なるビジネスでの文書作成の基本構成の理解と学生にそれを説明できる知識が必要だと考えます。

一例として、応募書類を「〜である。」「〜だ。」と「である調」で記述する学生のエントリーシートを見かけます。大学の試験や課題だと「〜について記述せよ。」と設問されています。エントリーシートだと「〜について記述してください。」と設問されています。私は、採用する立場で「です・ます調」の設問に「である調」で

回答してくる応募者は、怖くて採用できません。採用後に大切なCLに「である調」で回答やメールを送る可能性のある者だからです。これも学生からは「先輩が「である調」で有名企業に内定したから自分も習って作成した」や「エントリーシート対策本で記述されていた」など抵抗される場合もあります。あくまでもビジネスの場を想定して説得力のある理由を伝える必要があります。

・**構成**：エントリーシートなどある程度の文字数を記述する場合の基本は、プレゼンと同様に「PREP法」です。これは「起承転結」の「転」を抜いた小論文の記述手法とも合致します。最初に「Point（結論）」＋「Reason（理由）」でサマリー（要約）を記述します。次に「Example（事例）」でエピソードを詳細に記述し、最後に「Point（結論・将来効果）」で未来のこと（アウトカム）で記述終了です。

サマリー箇所は、面接で準備して応答できる質問[1]に結論ファーストとして伝えるために応募書類でも簡潔に「伝えるべき全てを要約」して記述しておく必要があります。また、サマリー箇所なのでできる限り疑問の余地のない具体的記述である必要があります。

---

1 「志望動機」「自己PR」「学生時代に力を入れてきたこと（ガクチカ）」などエントリーシートに事前に記入しているような面接に際して誰しも事前に「準備して」応答している質問

例えば「自己PR」のサマリーとして、「私の強みは実行力です」という記述や「ガクチカ」のサマリーでの「私が学生時代に力を入れてきたことはサークル活動です」などの記述は、サマリーではない記述の典型です。上記をサマリー化すると自己PRは「私は自身や組織の目標や課題に対して取り組んだことを最後までやり遂げることができる性格です」、「ガクチカ」は「私は学生時代に児童ボランティアサークルの活動に参加し組織の目標に対し多様な人たちと協力関係を築く経験を積みました」という記述が本来のサマリーです。

　ただし、あくまでも応募書類の作成方法に正解はありません。学生の支援に当たっては、学生の作成した応募書類が上記構成で記述されていなくても、否定するのではなく、採用側が当該設問で応募者に求める内容が論理的に記述されていれば、キャリアコンサルタントが文書構成に固執し、無駄な修正を提案や支援することは避けるべきだと考えます。

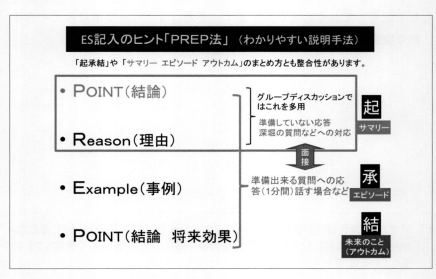

ES記入のヒント「PREP法」（わかりやすい説明手法）

「起承結」や「サマリー　エピソード　アウトカム」のまとめ方とも整合性があります。

- POINT（結論）
- Reason（理由）

グループディスカッションではこれを多用
準備していない応答　深堀の質問などへの対応

起　サマリー

面接

- Example（事例）

準備出来る質問への応答（1分間）話す場合など

承　エピソード

- POINT（結論　将来効果）

結　未来のこと（アウトカム）

①-3 「企業の採用をクリアできるレベルの作文表現」を例示できる文書作成能力

　キャリアコンサルタントに応募書類作成の相談を求める学生の文書作成能力は様々です。キャリアコンサルタントは、社会人として文書作成の実務経験の有無に関わらず、学生支援を求められます。

　応募書類を作成する主体はあくまでも学生です。学生から応募書類記述の作成相談を受けた場合に、キャリアコンサルタント自身の文書作成能力が低いと学生に対して論理的な理由の説明ができず、単に「て、に、を、は」の修正や何となく感じた「このような記述を考えて追加してみたら」といった口頭意見だけで終始してしまいます。

　学生は、自分が相談しているキャリアコンサルタントが自分が応募している企業に通過できる文書作成のスキルを備えた方かを見定めています。上記の様な対応が続くとキャリアコンサルタントの力量に疑問を感じ不信感を持ち始めます。これはキャリアコンサルタントに学生支援に必要なボリュームの文書記述ができる教養とスキルが備わっていない場合に生じます。実際の文書作成は学生がすべきですが、相談を受けたキャリアコンサルタント自身がとても企業の書類選考に耐えうる文書作成ができない方だと学生の期待に応えていません。

　学生は、相談しているキャリアコンサルタントが感覚的な助言だけでなく、応募学生の情報を傾聴し、それらの情報を活かし実際に当該企業の書類選考に通過し得る書類を作文できる人物であると期待しています。拙い作文能力しか備わっていないキャリアコンサルタントには、次回は相談しなくなりますし、そのようなキャリアコンサルタントを配置している大学キャリアセンターの信頼も損ないます。

　そのためにキャリアコンサルタントは、相談者の他人事として、応募書類作成の相談を受けるのではなく、「自身が応募するとしたら」書類通過できる記述レベルを見立てること。また自分で記述して作成できる

作文能力向上とそのための努力が必要だと考えています。あくまでも学生の代わりに代書するのではありません。学生自身の気づきや能力を発揮させるための面談に隠れて、無責任な支援が行われていないか、キャリアコンサルタント自身が自省し採用側が適切に評価できるレベルの記述を日々研究し続ける姿勢とスキルを養成する必要があります。

②記述した応募書類の添削
―キャリアコンサルタントに必要な知識とスキル―

　ここでは「②記述した応募書類の添削」時の観点と支援を説明します。

　学生の相談に際して、学生から事前に応募書類の記述案などのデータを送付してくる場合やその場で紙媒体やスマホ、タブレットなどの画面で記述案を示し意見を求められる場合など様々なケースがありますが、学生支援を一過性で終わらせず目に見える形で学生に添削効果を伝えるためには、理想は手書きではなくワードデータなど添削前と添削後が比較できる形で提示し学生にデータ手交し、学生が添削を基に自身の記述内容を見直しブラッシュアップしていけるように支援することだと考えます。

　私は、以下（参考例）のようなデータを学生に手交することを心掛けています。この添削手法について、説明していきます。

① 志望動機　添削前

私は人々の生活を支える製品をつくるという自身の夢の実現に近づくためのテーマを体感し、貴社の古くから続く秀でた技術力を学び、貴社に就労する上での不足部分を見つけたく志望しました。私はバイクのカスタムなどから自身の構想を形にする面白さを感じ、アルバイトでの接客業務などから人々に笑顔を提供するやりがいを経験しました。また工学的視点から医療分野を発展できる研究活動を行い、将来はモノづくりを通して医療に携わることで人々に笑顔を提供できる仕事に興味を持っています。貴社は様々な事業領域を世界中で展開しており、その秀でたあらゆる技術力を統合することで新たな価値を生み出し続け、人々の生活を支え笑顔を提供する会社であり自身の想いと共感すると感じています。また限られた時間でより多くの検体を処理し、ユーザーの使いやすさを追求した分析装置など顧客密着型の営業で最新のニーズを把握し製品の開発に繋げる貴社の特徴に更なる魅力を感じました。本インターンシップでは工業高専時代にCADで実験装置を設計した経験や現在の研究活動で得た知見を最大限に発揮し、貴社での製品開発の魅力を体感しこの技術力を学びたいと考えています。（498）

（所感）1文に多数の情報を詰め込んでいるので、何を伝えたいか読み手が掴めない可能性があります。

（添削提案例）
　私は、モノづくりで自身の構想を形にすることが生きがいです。自分が学んだ専門性を活かし人々の生活を支える製品づくりをすることが夢です。私は趣味のバイクのカスタム制作やアルバイトでの接客業務を通じて人々に笑顔を提供することのやりがいを知りました。将来はモノづくりを通して医療に携わり社会課題に貢献できる仕事に興味を持っています。
　貴社は様々な事業領域を世界中で展開されており、様々な秀でた技術力を統合することで新たな価値を生み出し続けておられることに強く共感します。貴社で開発された○○○分析装置は、限られた時間でより多くの検体を処理することを実現し、医療現場が遭遇している課題やユーザーの使いやすさなどを追求した装置開発など社会への貢献を実感できる点に魅力を感じています。特に顧客密着型の営業で最新の社会的ニーズを把握し、製品の開発に繋げる貴社の姿勢に更なる魅力を感じます。本インターンシップでは工業高専時代にCADで実験装置を設計した経験や現在の研究活動で得た知見を最大限に発揮し、自分が貴社での製品開発の魅力を体感し、その技術力を学ぶとともにどのように貢献できるか極める機会にしたいと思います。　　　499文字

学生提出分
キャリアコンサルタントの記述

志望動機

　私は自身の取り組みが社会で必要とされる際や、他者の役に立つことができた際に喜びを感じます。そのため、現存するシステムの改善や新システムを開発・導入することで幅広い業界の課題に対してソリューションを提供できるエンジニアの業務に魅力を感じています。貴社は最先端の技術を活用し、時代や顧客のニーズに合致した製品を提供することによって、多くの人々の社会活動の支援ないしは社会の発展に取り組んでおられます。IT サービスにおいて国内1位のシェアを誇る貴社のインターンシップは、最先端の技術の習得のみならず、デジタル化が進む現代での課題解決に必要となる考え方などについても学ぶことができる絶好の場であると考えています。そして、そこで得た経験を基に自身が将来貴社のエンジニアとして人々や社会にどのように貢献できるか掴みたいと考えています。

（400字）

（所感）全体的に抽象的な言葉が並んでおり、緑箇所の企業認識もパンフレットの最初のページに載っているようなレベルの企業理解で浅い印象を持たれている可能性が高いです。具体的な内容と表現への深みを目指したブラッシュアップが必要だと思います。（添削では上記記述以上の情報が無いのでその範囲での記述例）
（緑箇所の企業認識の参考：大阪公立大学図書館データベース　「日経テレコン21」の「業界情報」「業界サマリー」や「記事検索」などで企業の活動のニッチな特長を探してみましょう）
（例）
　私は修得した最先端基幹情報の専門性を活かし社会が求めるソリューション提供やシステム開発で社会課題に貢献したいと思っています。貴社は最先端の技術を活用して時代や顧客のニーズに合致した○○○など高レベルの製品提供で多様な社会活動を支える役割を堅実に果たされており、自身が共感して働き続けられる職場と感じています。また、○○○や△△△といった社会に必要とされるシステム提案はビジネスチャンスを成長をもたらすだけでなく、社会貢献度も高く貴社の社会的信頼性を高めていると思います。IT サービス国内1位のシェアを誇る貴社では常に最先端技術情報と触れ時代とともに自身が成長し続けられる環境だと強く確信しています。インターンシップでは、日々進化する現代のデジタル化に関わる必要の考え方や働く姿勢を社員の方から学び、自身が貴社のエンジニアとしてどのように貢献できるかを掴む機会としたいと考えています。　　　396文字

学生提出分
キャリアコンサルタントの記述

・**提出期限の確認**：学生から「記述した応募書類の添削依頼」があれば最初にその応募書類の提出期限を確認します。応募書類提出まで一定期間（1週間以上）の余裕があれば、できる限り学生の自己理解を促し、より完成度の高い記述を目指し添削支援するべきです。基本的な文書構成や採用側の意図などの解説を実施し理解させ、必要な追加提案や注意点を伝えるなど、極力学生の自力での作成を促す支援で良いと思います。その場合もできれば記述したものを手交するなど、学生が添削面談後に自ら考えるための情報を与える配慮が必要です。

　次に提出期限が迫っている場合（2〜3日以内）は、できれば添削面談時にある程度の完成度を見込む必要があります。書類選考が通過するレベルまで時間の限り支援すべきです。

・**構成を分析**：上記（参考例）は、文書構成の基本に沿って、最初に学生が作成した記述をサマリー（赤字）、エピソード（緑字）、アウトカム（紫字）などのように色分けして一目で構成記述がわかるようにして分析しています。これにより記述内容の偏りや些末な記述に文字数が割かれていることなどを学生本人に理解させる効果があります。また、キャリアコンサルタントの記述分析として、文書構成の目的ごとに記述内容を確認することができるため、学生に伝えるべき、所感と添削作業がしやすくなります。

・**所感と添削作業**：（参考例）の下半分（□で囲った箇所）は、添削時のキャリアコンサルタントの「所感」と「修正提案例」です。学生面談前に学生から記述データ提出があれば必要な情報を充実させる一方で冗長な拙い表現を訂正提案するなど事前に作業することができます。また、カウンセリング時にデータの提示があれば、記述データをモニターに表示して学生と共有しながら説明や文案検討を行い、その場で

添削データの入力や文案提案を実施しています。

　この添削を受けて、学生の理解を確認後は、学生自身で応募書類をブラッシュアップする作業を実施できるように当該データを必ず手交（WEB面談の際はメール送信）しておくことが必要です。

上記は、応募書類のデータがMSワードで作成されている場合を想定していますが、学生から添削希望で提出される記述データは、WEBエントリーの場合のスクリーン画像のデータやPDFデータや手書きの場合もあります。できる限り様々な表現や文字数の調整などを効率的に実施するにはワードデータなど直接データ修正や追加ができて、文字数カウントが容易な環境で添削支援することを推奨します。私も手書きデータの提出があり、学生にワードデータなどの負担がかけられない場合で修正箇所が多数の場合は一旦、こちらでデータ入力した上で添削するケースが稀にあります。

本冊子では、キャリアコンサルタントのこの観点と技法を、学生へのセミナー形式（個人に対しても）で支援する方法と、内容として「1．自己分析支援編」「2．エントリーシート作成支援編」「3．採用面接の実践指導編」「4．グループディスカッション指導編」に詳細を記述しています。キャリアコンサルタントご自身の支援のヒントになりますので、ぜひご参照ください。この内容は、個別支援にも応用いただける内容です。学生の記述内容の理解と自分で記述できるという自信やモチベーションの向上の支援に活かせると考えます。

1-2 「面接対策」の支援

　キャリアコンサルタントに学生から寄せられる面接に関する相談の主訴（初訴）で代表的なものは、**①実際の面接のマナーや応答方法など面接にどう対応すればいいか　②模擬面接を経験し面接応答を練習したい**の2点です。以下で①、②についてキャリアコンサルタントに求められる支援技法を紹介します。

①実際の面接マナーや応答方法など面接にどう対応すればいいか

　この主訴の学生は、実際に就職目的での採用面接の経験がない（アルバイトや推薦入試の面接除く）ケースが一般的です。これらのマナーや応答方法は面接実践までに知識として学生に伝えておくべき基礎知識でセミナー形式で多数の学生相手に実施すると効率がいいですが、個人相談として個々に説明する場合もあります。面接マナーに関しては、キャリアコンサルタントはプロのマナー講師ではないので、基本的にはキャリアコンサルタント自身がこれまでの社会人としての経験に基づき備えた常識を伝えることになります。学生に伝える内容は概ね以下の項目になります。

・**学生に伝える情報**：この段階の学生に伝える必要がある項目。

①-1　**面接の目的**：採用側が面接を実施する目的が「人物評価」であること

①-2　**マナーと心構え**：面接の準備や入退室のマナー、WEB面接での注意点など

①-3　**応答の基本**：事前準備して応答する項目と準備できない質問への応答方法

①-4　**面接スキルを上げる方法**：面接までに自分でどうやってスキルを上げるか

上記「学生に伝える情報」は、本冊子の「4. 採用面接の実践指導編」に学生支援の詳細を解説していますので、参考にしてください。個別学生支援にも有効に使用できます。

②模擬面接を経験し、面接応答を練習したい

　この主訴（初訴）の学生は、実際の就職活動の採用面接が迫っている場合か、採用面接の経験はあるが、結果が伴わないなど実践経験を求める学生が多いです。キャリアコンサルタントは、それを想定して学生支援を実施します。

　最初に学生に上記①の面接マナーや心構えが備わっている学生か、を確認しておく必要があります。主訴（初訴）に関わらず、必要に応じて上記①の「学生に伝える情報」を補って説明しないといけない場合があります。

　次に学生に自身の面接練習の目的や課題と感じていることを質問します。「緊張を克服したい」や「予想しなかった質問への対応」「深堀り質問への対応」などへの練習を希望することを確認して、練習で意識して実践を試みることを伝えます。併せて、WEB面接か対面面接かも確認しておき、模擬面接の場面設定の参考にしておきます。

・**模擬面接練習**：面接での成否は、応答内容が課題だと学生の多くは思っています。しかし、実際の面接は、人物評価の目的で実施されています。そのため模擬面接の練習では、学生の面接時の非言語情報（表情、態度、声の大きさなど）の大切さと準備して応答できない領域での応答（結論ファースト）を身につけさせることが必要です。最初に非言語の人物の印象を学生に理解させる二択を示します。

二択に挑戦！

- あなたは、面接の場面で、どちらの人が面接官に印象がいいと思いますか？順に二択で声に出して答えてください。

1	笑顔な人	⇔	無表情な人
2	小さな声の人	⇔	大きな声の人
3	はきはき話す人	⇔	ぼそぼそ話す人
4	姿勢の悪い人	⇔	姿勢の良い人
5	質問にうなずく人	⇔	質問にうなずかない人
6	緩慢な行動の人	⇔	素早い行動の人
7	礼儀正しい人	⇔	無作法な人
8	不潔な人	⇔	清潔な人
9	謙虚な人	⇔	偉そうな人
10	反応の悪い人	⇔	反応のいい人
11	積極的な人	⇔	消極的な人
12	顔を向けない人	⇔	顔を向ける人
13	人見知りしていない人	⇔	人見知りしている人
14	無配慮な人	⇔	人に配慮できそうな人
15	誠実そうな人	⇔	狡猾そうな人

　模擬面接練習では、面接官役のキャリアコンサルタントが人物の印象を上記で判断してみましょう。どちらがより採用されるかは明白だと思います。

　最初に入退室のドアをノックして入室するところから、イメージさせるために実際に体現させます。（WEB面接では、面接官との最初のコンタクトから）

　模擬面接の実践練習では、質問応答に２つのプロセスがあります。1つ目は「志望動機」「自己PR」「ガクチカ」「大学での専門内容」といった「準備して応答する」プロセス。これはエントリーシートの記入文字数に関わらず「1分で応答する」必要があります。もう1つは「準備して応答した」ことに関連してなされる質問（深堀り、又は予期せぬ質問）への応答のプロセスです。これは「結論ファースト」で回答します。

　「1分で応答する」根拠は、採用面接官を経験した方々がほぼ同意する経験則です。面接の目的が「人物評価」であることから「1分」が合理的な応答時間であることがわかります。事前に応募書類で提出されている「志望動機」「自己PR」「ガクチカ」など「応答準備して応答できる質問」を面接で質問して、人物印象から面接を開始しますが、応募者は皆、事前に暗記などして準備して応答しています。まだ応答内容で「人物評価」に至る前段階です。面接官はその1分間、応募書類に記入しているとおりに応募者が話すかどうかを確認しているのではありません。面接官はその間、応答内容を聞きながら質問できる箇所を探す作業をしています。次に応募者の準備して応答した内容に対し関連の質問をします。その質問には、応募者は準備できません。「今」質問を「聞いて」、「考え」応答する状況になり、そこから本格的に「人物評価」が始まります。当然、準備して応答していないので、ストーリーを展開して話すことは無理です。質問に対し即応した回答とその理由を説明するPoint（結論）+Reason（理由）「結論ファースト」で応答することになります。

面接で問われる　想定質問　と　対応

O志望動機

（①どのような軸で就職先を探しているか②応募機関をどう認識・リスペクトしているか③どう貢献してくれるか）

● 当社（機関）に応募した動機を教えてください。　→1分間程度のPREPを意識した応答を準備する

以下は上記質問への応答に対して深堀される質問（単体での質問もあり）→簡潔にP＋Rで応答可能

- 大学の当該学部（研究科）を目指したきっかけは何ですか？
- 採用後に最もやってみたいことは何ですか？
- 同様の企業（機関）がある中で、なぜ当社（機関）を志望していますか？
- 就職活動の状況を教えてください。（当社（機関）の志望度は？）
- 長期的なキャリア目標を教えてください？
- 転勤（や海外勤務）に対してどう思いますか？

O自己PR

（①内面（性格や特長）をどう認識しているか②上記の具体的な証拠③社会でどう活かせるか）

自己PRをしてください。（長所短所を教えてください、自分のウリは何ですか？等）

→1分間程度のサマリーとエピソードを意識した応答を準備する

以下は上記質問への応答に対して深堀される質問（単体での質問もあり）→簡潔にP＋Rで応答可能

- 自分はどのようなタイプの人だと周囲から言われますか？（その理由も）
- 最近の気になったニュース・出来事を教えてください。
- 趣味・特技はありますか？　（あなたのストレス対処法を教えてください）
- 将来のあなたの夢を教えてください。（将来のキャリア目標を教えてください）
- ワークライフバランスについてどう考えますか？

O学生時代に力を入れたこと

（①自分の経験をどう認識しているか②上記の具体的な証拠③社会でどう活かせるか）

学生時代に打ち込んだことを教えてください。（学業、サークル、部活、ボランティア等）

→1分間程度のサマリーとエピソードを意識した応答を準備する

以下は上記質問への応答に対して深堀される質問（単体での質問もあり）→簡潔にP＋Rで応答可能

- アルバイトの経験はありますか？
- 組織の中では、どのような役割を果たすことが多いですか？
- これまで困難だったこと、問題にぶつかった経験とそれをどう乗り越えたか教えてください。
- 好きな科目（得意科目）は何ですか？
- 苦手な人はいますか？今後そのような方とどう接していきますか？
- 同時に複数の業務やマルチタスクが発生した際はどのように対処すべきだと思いますか？

O その他　理系の研究職や技術職など専門性を活かした職種は大学での研究内容など（最重要）

その他：事前にESにある程度の文字数を記述させられた事項

→1分間程度のサマリーとエピソードを意識した応答を準備する

24

　これらを模擬面接で確認していきます。ここでキャリアコンサルタントには、学生がどの程度の人物印象や応答スキルを身につけていれば、採用に至るかを見立てる力が求められます。実際に採用面接で多数の応募者から必要な人材を選考した経験が求められます。全てのキャリアコンサルタントにその経験はありません。「組織に入れて仲間と協力できる人間であるか」「仕事を任せることができるか（能力だけでなく責任感や信頼がおけるか）」を自身の経験値として積み上げる努力が必要です。

　模擬面接では、学生に対して面接官から質問される内容に「受け身」で応答する模擬練習だけでなく、「最後に何か伝えたいこと」や「最後に何か聞いておきたいこと」など逆質問を体験させます。

　最後に、面接の終了を伝え、対面の場合は、実際の退室までのイメージを実践させて終了です。

　模擬面接の場合は、終了後に必ず学生本人から「上手くできた点」や「できなかった点」および「どんな面接だったか（感想）」を確認しキャリアコンサルタントからもフィードバックを行って終了します。

　キャリアコンサルタントの役割として、必ず学生に「自信」をつけさせて終了することを目標にしてください。私は、「自信」を持つだけで人物の印象に大きな好影響を与えることを何度も経験してきました。

> 　上記「模擬面接の実践」についても、本冊子の「4．採用面接の実践指導編」に学生支援の詳細を解説していますので、参考にしてください。個別学生支援にも有効に使用できます。

　就職スキルとして「面接」による人物評価以外に、より組織内での人物を確認する機会として「グループディスカッション」を採用試験で実

施される場合があります。質問への受け身で応答する「面接」に対して、より主体的な自身での発言や自分と周囲の状況を観察して対応する組織内コミュニケーションの力を確認できるので、民間企業・公務員を問わず採用試験として積極的に取り入れられています。このグループディスカッションを指導するには、個人へのコンサルだけでなく数名グループへのコンサルタント力がキャリアコンサルタントには求められます。

1．学生の「応募書類作成」や「面接対策」に必要な キャリアコンサルタントの支援　まとめ

－キャリアコンサルタントに必要な知識とスキル－

〇「応募書類作成」支援

①「採用側がなぜこの設問を学生に記述させているか」を理解し、学生に説明できる基礎知識を身につけておくこと

②「文書作成の基本構成」を理解し、学生に説明できる知識が必要なこと

③「企業の書類選考をクリアできるレベルの作文表現」が例示でき、自身でも記述できる文書作成能力を養うこと

〇「採用面接対策」支援

①学生がどの程度の人物印象や応答スキルを身につければ採用に至るかを見立てる力を経験値として積み上げること

②模擬面接で人物評価するための質問スキルを身につけること

2

自己分析支援編

2-1 就職活動のスタート「準備期間」にすべきこと ─採用につながる「自己理解」指導法─

　自己のキャリア形成に係る「準備期間」というものは、キャリアという言葉が個人の人生の経験全てを表すとすれば存在しません。これまでの過去の経験自体が進行中のキャリアそのものだからです。しかしながら、学卒時の就職活動に関しては学ぶことそのものが生活の中心である学齢期から仕事を通じて社会で役割を担う「社会人」になるための就職に際しては、「就職活動」のための「準備期間」は必要となります。

学卒就職の準備期間の始期については、大学進学時の選択[2]も含めて、個々の学生の自己理解と職業理解の程度により異なりますので、ここでは企業との接点となるインターンシップや就職活動でエントリー先を選定するまでに開始すべきこととして、説明します。

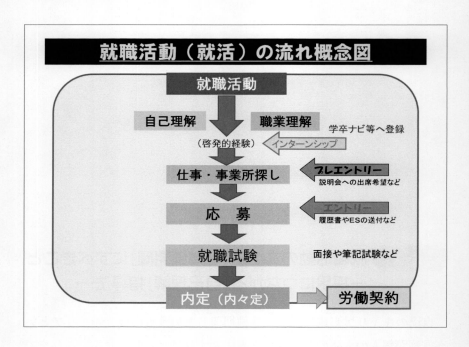

2　大学在学中を自身のキャリアを検討するモラトリアム（執行猶予）期間とする学生とは別に教師や医者、看護師、薬剤師など明確に職種や資格などのキャリア目標を定めたうえで大学進学した学生も存在するため個人差が大きくあります。

2-2 「自己理解」の必要性を理解させる

　就職活動の「準備期間」として、一番必要なものは、一定の「自己理解」ができていることだと考えられます。学生に対して、集団や個人といった対象に関わらず、就職活動開始段階に最初にそのことを伝えておく必要があります。

　なぜ「自己理解」が一番必要なのでしょうか？

　学生は、「自己理解」という概念自体は、就職活動期にガイダンスなどで聞きはじめる言葉なので「就職用語」のように感じている者が多いですが、就職期に限定しての概念ではなく、人が人生の重要な判断を行う際に必要な概念だといえます。人は自身で大切な判断や選択をする際に必ず「自己理解」をもとに判断しています。

　まずは、「自己理解」は、生涯に亘って必要な概念であることを学生に伝える必要があります。

　その上で、就活に必要な以下の3つの目的に限定して説明することを伝えておかないと学生に「自己理解」に対して誤解を与えるおそれがあります。特に学生によっては自己理解そのものを就活目的と誤解し、応募活動を躊躇し、モラトリアムから抜け出せない（抜け出したくない）状況になり、就職活動に動き出さない学生がいるからです。

（学生への説明）

「自己理解」やそのために実施する「自己分析」という言葉は、就職活動のガイダンスなどで聞くことが多く、皆さん就職用語のように感じているかもしれません。決して就職のための用語ではありません。人が自分の人生の大切な判断をする際に「自己理解」を基に判断しているので、就職という大切な判断で必要だと理解してください。

この就活セミナーでは
　　　　自己分析の目的を
- 就職先の企業選ぶため
- 応募書類作成するため
- 面接で採用される応答をするため

に限定して進めます

　ここからは、以下①〜③の目的で自身の「自己理解」を進めることを最初に学生に説明します。

（学生への説明）
「自己理解」について説明する前に目的をこの3つに限定しての説明であることを理解しておいて下さい。
①応募先を選ぶため
②応募書類を作成するため
③採用面接で自身のことを伝えるため

　次に「自己理解」＝自分のことを理解する。これだけですと「自分という複雑な人間を漠然と理解する」という捉えどころのない話になります。そこで学生には、自己理解はその目的に応じた、様々な自身の「要素」に注目して、その「要素」ごとに分析するのだと説明する必要があります。

上記、①〜③の目的に限定した場合の自己理解の「要素」として考えられる主なものは、「性格」、「考え方（思考性向）」、「行動特性」、「興味」、「能力」、「価値観（こだわり）」等です。

「自己理解」って何？

- **考えてみよう！**

1. 「自己理解」ってどういう意味？

  <u>私ってどんな人（性格、興味、価値観、考え方、態度・行動、能力）かを理解すること</u>

  ポイント：要素ごとに！

2. なぜ？「自己理解」が必要？

  <u>職業へのマッチングだけでなく、自分がどう社会と関わっていくのが幸せなのか、を知るヒントを得るため</u>

  ポイント：幸せか？

就活準備時期に複雑な話は避けるべきで、ここで学生に理解させるのは複雑な自分を理解する目的に必要な<u>「要素」ごとの視点が必要だ</u>ということだけでいいと思います。※

※例えば、「興味」は、ホランドの六角形RIASECで標準化されているように何らかの職業に就いて、その職業が長く続いている人の興味特性とその職業にある程度の関連があること。「能力」には、主観的能力と客観的能力があり、主観的能力は「自信」と言い換えることができ、学生がアルバイト先を選ぶ際に「自分にできそうだ」と主観的能力で判断して応募していることや、客観的能力は大学受験の際に自分の学力を偏差値などで判断して志望校を決めてきたことなどの実例を挙げると納得感が出ます。

2-3 「自己理解」の目的を明確にする説明

　学生に「自己理解の目的は何でしょう？」と質問をすると「仕事と自分が合っているか（マッチングしてるか）」を確認するために必要だと答える学生が多いです。確かにそのとおりです。しかし、学卒者の就職では、生涯のライフプランとして就職を「自分に合っているだけ」でなく、もう1歩踏み込んで、「自分がどう仕事を通じて社会と関わると幸せか」を確認することと説明する必要があります。※

　※例えば、学卒就職とそれ以外の一般の求職者や失業者の就職活動とを比較してイメージしてもらい、この準備期間中の学卒就職がどれだけ計画的に検討して活動できるか。学卒予定者向け合同企業説明会などで多数の企業の説明を受けたり、インターンシップ参加の機会が設けられるなど企業がウエルカムな状態で就活できることのアドバンテージを説明します。就活が単に「生活のための稼ぎ先」を探す活動ではなく「どう仕事を通じて社会と関わると幸せか」を見つける機会となりうることなどを一般求職者との統計資料などから比較し説明すると上記「①応募先を見つけるため」の自己分析の動機付けに誘導しやすいと思います。

2-4 「自己理解」のための「自己分析」への誘導

　就職準備期に自己理解を促すために必要な質問として、私は、最初に下記の3つの質問を学生に考えさせます。

> 「1. あなたが、就職する目的はなんですか？」
>
> 「2. あなたは、社会人として社会や組織で通用する性格・思考性
> 　　向・行動特性が備わってますか？」
>
> 「3. あなたは、社会人として働くために役立つ経験をしていますか？」

　正解はないですが自分がこの答えのために自己理解が必要だと学生に
モチベーションを持たせる役割があります。これは低学年やモラトリア
ム状態の学生への就職活動への意識付けにも使えると思います。

---

3. すべきこと①「自己理解」

今、あなたはこの質問にどう答えますか？

　１．あなたが、就職する目的はなんですか？

　２．あなたは、社会人として社会や組織で通
用する性格・思考性向・行動特性が備わって
ますか？

　３．あなたは、社会人として働くために役立
つ経験をしていますか？

答えるための根拠を持ってますか？

　就職に際して、採用側が学生に求めている質問をデフォルメするとこ
の3つに集約されることを伝え、質問します。

> 　1番目は、「あなたが就職する目的は何ですか」です。

学生には、「今、頭の中でどういう答えをすべきか考えてみてください」と伝え、自分がどのような答えが出せるか試みさせてください。ただし、「お金を稼ぐため」という答えは除くとします。なぜなら、就職＝労働契約は、役務を提供して賃金をもらうことです。これは、就職する全員に該当するので、「お金を稼ぐ」以外のあなたが就職する目的はどんなものがあるかを尋ねていることを伝えます。これは企業側が学生を採用する際に確認しています。どう答えればいいかを考えさせます。

　2番目と3番目の質問は人事採用担当がこれまで社会で責任ある立場を経験していない学卒者を採用する場合に、組織に順応し活躍してもらうために必ず確認しておかないと「怖くて採用できない」のが本音です。様々な形で質問されます。学生には以下の問いかけをします。

　2番目は、「あなたは社会人として社会や組織で通用する性格や思考性向・行動特性が備わっていますか」です。

「はい大丈夫です。私にはこういうものが備わっています。証拠はこうです」と答えられますか？

　3番目は、「あなたは社会人として働くために役立つ経験をしていますか」です。

　「はい大丈夫です。このような役立つ経験をしています。証拠はこうです」と答えられますか？

　これらの質問に対し、学生はどう答えるべきかを各自が頭で考え、その要素が知りたくなります。

　これら3つの質問は、採用時にエントリーシートや面接で「1 志望動機」

「2 自己PR」³「3 学生時代に頑張ったこと（力を入れて取り組んだこと）」⁴
として問われてくることを説明します。※

※これらの3つの質問の効果としては、自己理解のモチベーショ
ン以外に、低学年次の学生に問うことで、これらに答えるエビデ
ンスとして自身の就活時期までに現在の学生時代を充実させるた
め勉学および社会経験や人間関係の構築などの多様な経験を積極
的に取り組むことへのモチベーションとなります。また、就職活
動中にエントリーシートが通過しないとの相談があった際にも質
問してみることで学生に採用側が求める情報への気づきを促す効
果も期待できます。

　「1 志望動機」は、仕事を通じて何を得ようとしているか、採用側も
応募者が仕事に何を求めているか、就職活動で業種や会社を選ぶ際の
「軸」をどう持っているかを確認したいと思っています。このことは採
用後の会社側と応募者とのミスマッチによる短期離職を防ぐとともに、
採用後の配属にも影響します。
　「2 自己PR」は、自身のことをアピールする設問と捉えられますが⁵、

3　必ずしも「自己PR」と問われない場合もあります。応募者の「内面」が社会や
　組織で通用するものであるかを確認するための質問として「あなたのウリは何ですか」、
　「あなたの強みを教えてください」、「あなたの長所」、「あなたを動物にたとえると何
　ですか」、「あなたを色にたとえると」など同じ目的と捉えることができます。
4　「ガクチカ」と通称されます。これも広く「経験」を確認するものとして「組織で何
　らかの役割を果たした経験」や「最も困難なことに遭遇し乗り越えた経験」など
　限定して経験を問う場合も同じです。
5　当然、自身の特筆すべき経験や能力を伝え、他者との差別化を図る情報を記入
　する場合もあります。これは、一部の応募者に可能でも、学卒求職者すべてに使
　える方法ではないと考えます。

学生を正社員として採用し組織の内外の様々な人と折り合いをつけたり、様々な配慮や自身の責任を果たせるような、性格や思考性向など「内面」が既に備わっているかを確認するものと捉えることができます。

「3 ガクチカ」は、「2 自己PR」で本人が主観的に理解している「内面」に対して客観的な「経験」を尋ねています。社会や組織で必要な経験をしたか、「外から」確認していると捉えることができます。

これら採用側の意図に対して、応募者側は確固たる根拠に基づく回答を準備する必要があります。漠然とした自己理解ではなく「採用されるための応募書類作成」という明確な目標に対して、今、自分は明確に記述することが困難な場合は、自己分析に基づく自己理解が不足していることを学生が自覚したり、具体的に記述するために必要だと感じ、次頁の自己分析の取り組みへの動機づけとすることができます。

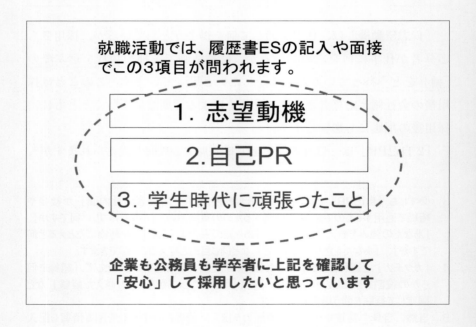

就職活動では、履歴書ESの記入や面接でこの3項目が問われます。

1．志望動機

2．自己PR

3．学生時代に頑張ったこと

企業も公務員も学卒者に上記を確認して「安心」して採用したいと思っています

2-5 3つの質問に応えるために必要な自己理解

「1 志望動機」「2 自己PR」「3 学生時代に頑張ったこと」これら3つの質問は、採用側の質問として応募書類（エントリーシート）や面接での鉄板の質問です。

---

3. すべきこと①「自己理解」

１．あなたが、就職する目的はなんですか？
　※　採用側は、**「賃金を得る」以外の働く目的**が何かを問います。

２．あなたは、社会人として社会や組織で通用する性格・思考性向・行動特性が備わってますか？ ⇒ **あなたの内面**
　　　※　採用側は、内面が社会や組織で通用することの証明を問います

３．あなたは、社会人として働くために役立つ経験をしていますか？ ⇒ **あなたの経験**
　　　※　採用側は、これまでのどんな経験がこれから活かせるかを問います

　最初に「1 志望動機」を記述するにあたり、必要となる「自己理解」の内容を自己分析してみましょう。自己理解のためには自身での分析以外に他者が認識している自身の情報を得て参考にすることやキャリアインサイトなどアセスメントを利用する方法がありますが、最も大切な自己認識は、これまでの自身の過去の記憶を棚卸ししてから考え自己分析することだと思います。この作業は大学の就活行事として大人数を集めて実施される自己分析ガイダンスのように、自分史的なライフチャート（個人年表）を詳細に作成させ、多様な側面から学生の全人格のあらゆる側面を自己分析する方法よりも目的に最短距離で理解させた方が効果

が高いと考えます。

　ここでは、先に述べたように「就職先の選定」「応募書類の作成」「面接での応答」に特化した就活スキルに限定した解説ですので、自己分析自体をその取組の目的にするのではなく、最短距離を走る自己分析でいいと考えます。当然、大人数向けに実施された自己分析ガイダンスで自身の過去を考え、該当箇所を抜き出し利用することはできます[6]。

6　大人数で実施される自己分析ガイダンスや各種自己分析本など「自己分析」自体を目的に自身の様々な特性や可能性に気づきを与える効果は非常に大切ですが、問題は自己分析の取り組みで終わってしまうことだと考えます。その自己分析の結果、理解した内容を応募書類のどこに、どう記述すればいいのかを誰も教えてくれません。「自身を採用側に理解してもらうためにそれをどう使って応募書類に反映するべきか。」この冊子ではそのことの1つの回答をお伝えしたいと考えています。

2-6 「志望動機」の記述に必要な自己理解の説明

　「自己理解」のための自己分析の最も基本は、自分の過去と向き合うことです。いわゆる「過去の記憶の棚卸し」といい、過去の記憶を出して分析することです。

　学生の理解を促すために、目的が「志望動機」を明確に記述するための分析であると認識させるため必要最小限の図で説明する必要があります。（次図参照）

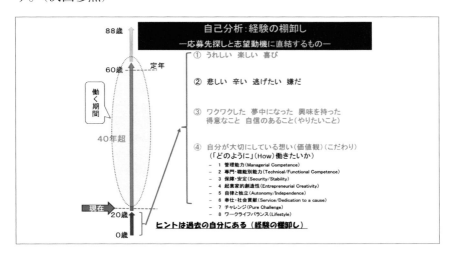

　左側に下から上に向かって矢印があります。下から0歳で上に88歳。これは女性の平均年令ぐらいまでを記しています。これが人生を表わすとして、今自分がどこにいるか質問し、学生の場合、20歳の少し上あたりに各自がいることを認識させます。次にその上に点線で卒業後の働く期間を明示しています。約40年超です。就職活動自体がこの点線内の期間に何をするかを決める活動であることを伝え、この膨大なこれからの期間にどんな要素があると「幸せか」を質問してみます。学生は頭の中で想像を巡らせます。

　次に自身の0歳から現在までの期間（これまでの自分）がヒントにな

ることを説明します。

　自己分析というと過去の自分と向き合う、ややもすると、なぜそのような面倒くさい作業が必要になるのかと内心、乗り気にならない学生もいます。そこでなぜヒントが過去の自分にあるかを説明します。

① なぜ、これまでの自分の記憶を棚卸するのか。

> 最初に学生に問う質問は「これまでの自分はどんなところにいたか？」です。

　「0歳から3歳位までは親の庇護のもとに家庭内にいたと思います。それ以降現在までです」働くことを検討していますので分かりやすくデフォルメすると、「平日の日中、朝8時過ぎ位から18時頃どこで過ごすか？」当然、夜勤や三交代勤務なども存在しますが、今は単純化して考えます。

> 学生は「主に学校にいた」と答えます。

> 次に「学校とはどういうところでしたか？」と質問します。

　少し答えを誘導するために「独りぼっちでいましたか」と重ねると「多くの人がいたところ」「組織にいた」に辿り着きます。自分がこれまで多様な人たちのいる**組織の一員だったこと**を再認識させます。それも1つの組織ではなく、「幼稚園、小学校、中学校、高校、大学、その他、少年野球や塾、部活、サークル、ボランティア、アルバイト、研究室な

どなど」どんな人も自身が望む、望まないにかかわらず複数の組織にいたことを再認識させます。

　次のステップは、上記図、点線で囲った期間が現在就職を考える上で「働く期間」として明示していました。そこを示して「就職」とは「今ある組織（会社）に私を参加させてください」という活動であると説明します。そこに参加するためには、「私を皆さんの組織に参加させてください。ちなみに私がこれまで組織にいた状況はこうです。組織で役割を果たせる資質が備わっています」と伝える行為であることが理解できます。

　これで自己分析という過去の自分に向き合う必要を認識させます。

②志望動機の自己分析と「自己理解」

　学生が志望動機を考える上で一番大切な自己理解を進めます。

　先に自分という非常に複雑なものを自己理解するには、「要素ごとに」分析する必要があると説明しました。それら要素の塊が総体として自分が意識している自己理解です[7]。

　では、学生が自己理解を軸に就職先を選定する場合、どう考えて幸せな組織に巡り会えるかを考えていきます。

　先ほどの図に戻ります。右側にいくつかの感情の要素を記入しています。

　「①うれしい、楽しい、喜び」「②悲しい、つらい、逃げたい、嫌だ」「③ワクワクした、夢中になった、興味を持った、得意なこと、自信のあること」と自己の過去の記憶を思い出すための要素を記入しています。

7　「ジョハリの窓」で説明されるように「自分が知っている自分」「他者が知っている自分」「自分も他者も知らない自分」の概念のうち、記憶の棚卸では「自分が知っている自分」で基本進めます。

「①うれしい、楽しい、喜び」の要素

　最初の要素は、「うれしかったこと、楽しかったこと、喜んだこと」です。学生にはこれまでの20数年の自分の過去に上記要素の記憶があるかを問います。通常、学生は人に伝えるに堪える、自身に意義のあるエポックメーキング的な記憶だと考えます。しかし目的は「自己理解」です。自分の記憶にあることなら日常のどんな些末なものでも、自身に何らかの影響を与えている可能性があるので、思い出せるどんな記憶でも大丈夫だと伝えます。そのために例示をすることが必要です。

（例示）

・うれしかった記憶：「幼稚園のときに、先生のお手伝いをして
　褒められた」
・喜んだ記憶：「中学校のときに、学年で合唱コンクールがあって
　自分たちのクラスが優勝した」　　など

　作業としては、これらの記憶を箇条書きで書き出す作業になります。これは難しい作業ではありません。個人差がありますが5分あれば数個、1時間あれば10数個出せると思います。ここまでは単に記憶を書き出しただけです。

　次に自己「分析」の作業です[8]。これらの1つ1つの記憶に対して「なぜ？」と学生自身に問いかけさせます。たとえば、上記例示の「**幼稚園のときに、先生のお手伝いをして褒められた**」記憶に対して「なぜ、そ

8　一般に未成年者である中学生や高校生を採用する場合は、この記憶の棚卸までを確認し、判断能力が未成熟な未成年者なので、本人の自己分析ではなく採用側の大人が分析し「組織に順応できるか」「仕事を任せられるか」を判断します。高校までの初等中等教育ではなく大学生は高等教育で分析能力を身に着けて就職するのですから分析内容を自らの言葉で求められると考えます。

れをうれしいと感じたのか？」です。「褒められたら誰でもうれしいに
決まってるだろ！」では自己分析ができていません。

　分析を促すためには例示することで学生はより「分析」のイメージを
掴みやすくなります。学生には、「分析」と小難しく考えるより、過去
を思い出しながら何か気づいたことだと思っていただいたらいいかもし
れません。

（例示）

●幼稚園の記憶の場合（うれしかった記憶）

「先生が他の人にではなく、自分に声をかけられて信頼されていると感じたから」

「人から期待され、期待に応えることができたことを先生の笑顔で実感したから」

「これをきっかけにお手伝い（掃除か何か）を初めて経験しうまくできたから」

「何か幼稚園（組織）に貢献できたと実感したから」など

●合唱コンクールの記憶の場合（喜んだ記憶）

「一定期間、努力したことが結果として現れ、報われたと感じたから」

「自分の所属してる組織（クラス）メンバーと同じ成功体験を共有できたから」

「組織の多様な人たち（中には自分と折り合いの悪い人もいる）と目標を共有して、結果を出したから」など

　この作業で個人差が出ます。深く内省できる学生や逆に浅く表面上で
の分析にとどまる場合もあります。出てくる表現でその学生の教養レベ
ルの参考にもなります。

この作業の最終目的は、この要素に該当する過去の複数の記憶を同様に上記分析をして「俯瞰」（全体を見渡す）することで感じたものを言語化することです。

> 「私って、これまで・・・・・なことを、<u>うれしい、楽しい、喜びと感じる人だ</u>」

　学生がこの例のような言語化ができれば、この作業の目的を達したと考えられます。

　この作業は、短時間（数分）の作業では少ない記憶からの分析となり、長期（数時間〜数日〜数週間）の作業では、多くの記憶からより深い内省に進む可能性があります。しかし、この作業の目的が「就職先の選定」「応募書類の作成」「面接での応答」に特化した自己理解ですので、学生によって時間をかける必要があるケースと自己分析自体をその取組の目的にするのではなく、最短距離を走る自己分析でいいケースがあると考えます。

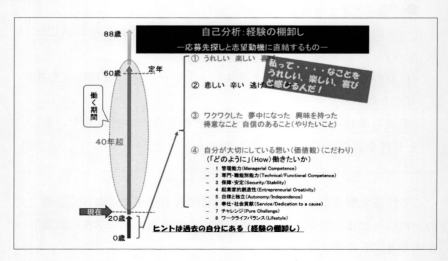

「②悲しい、辛い、逃げたい、嫌だ」の要素

　これも①と同じ作業になります。個々のこの要素の記憶の棚卸しを実施し、それぞれの記憶を「なぜ？」と自問し分析します。最終的にこの要素の複数の記憶の分析を俯瞰し、

> 「私ってこれまで・・・・・なことを、悲しい、辛い、逃げたい、嫌だと感じる人だ」

　ここまでの分析ができれば、目的達成です。

　成功体験の少ない学生は、①よりもこの②の要素の記憶ばかりを記述してくる場合があります。そのような場合は、こればかりに執着するのではなく、自身の傾向としてこの特徴が理解できる程度に分析を抑える指導も必要です。

　実際に他の要素は全く記述せず、この要素だけをノート2冊にわたって記述してきた学生がいました。過去のいじめなど悲惨な対人記憶が頭の中を占めていたようです。このようなケースでは、学生自ら①や③の要素の記憶を出して分析に辿り着けないので、キャリアコンサルタントが傾聴を繰り返し、その他の記憶を導き出し、自分に様々な記憶の蓄積とヒントがあることの気づきを促す支援が必要です。

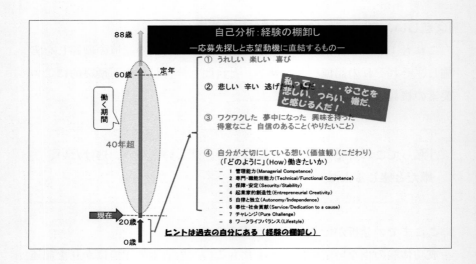

「③ワクワクした、夢中になった、興味を持った、得意なこと、自信の あること」の要素

　この要素は、各学生の興味特性を反映する可能性があり、職業選択で最も大切な要素だと考えてよいと思います。

　これも①②と同じ作業になります。個々のこの要素の記憶の棚卸しを実施し、それぞれの記憶を「なぜ？」と自問し分析します。最終的にこの要素の複数の記憶の分析を俯瞰し、

　「私ってこれまで・・・・・なことにワクワクしたり、夢中になったり、興味を持つ傾向がある人だ」

　ここまでの分析ができれば、目的達成です。

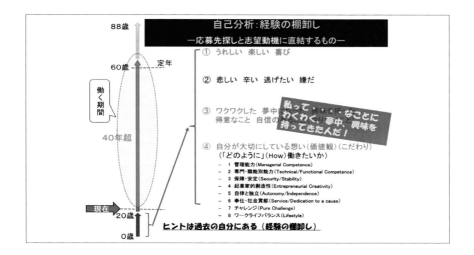

(エピソード例示)

●「小学生の頃、ミニ四駆を組み立てたり、友だちと競うために
　工夫するのに夢中になった」

(上記エピソードの分析例示)

●「自分の考えやアイデアを考え、手先を使って作業して効果が
　見えると達成感を感じるから」など

「④自分が大切にしている想い（価値観）（こだわり）」

　これは、①～③で自身の過去を棚卸（思い出し）をし、様々な「要素」
で分析したことで「気づいたこと」です。自身の「価値観」や「こだわ
り」の部分になります。

　自身の本音や信条、道徳感など、中には人に伝えると顰蹙（ひんしゅく）
をかうような内容もありえます。必ずしも他人に伝える必要は無く、自
分にとどめておき、何かを判断する際の物差しと考えることができます。

　この価値観やこだわりは、これ自体が志望動機に繋がる場合もありますが、個々の応募で志望動機として伝える内容というよりも、「複数の内定先から1社を選ばないといけない場面」や「内定しても就職活動を継続すべきか終わっても満足できるか」といった判断に使われると考えています。

2-7　自己理解から自分が応募すべき企業を選ぶ

　上記の作業で学生には自身が「仕事や企業を選定する最も大切なもの」を自覚させることができます。次のような問いかけを順番に学生にします。

（学生への質問）
質問1：皆さんがこれから「働く期間」として想定される40数
　　　　年の仕事に上記「①うれしい、楽しい、喜び」の要素が
　　　　あった方がよいか？ない方がよいか？

　学生は必ず、「あった方がいい」と回答します。次の質問をします。

（学生への質問）

質問2：皆さんがこれから「働く期間」として想定される40数
　　　　年の仕事に上記「②悲しい、辛い、逃げたい、嫌だ」の
　　　　要素があった方がよいか？ない方がよいか？

　学生はほぼ、「全くないことは考えられないが、できればない方がいい」
と回答します。
　自身で仕事を選ぶ際にこの要素を自覚して、他者が高い評価をしてい
る企業（例えば、学生の応募先企業人気ランキングの上位の企業）であ
っても自身がこの要素が沢山あると思う企業に勤めることが決して幸福
ではないことを説明します。
　また次の質問をします。

（学生への質問）

質問3：皆さんがこれから「働く期間」として想定される40数
　　　　年の仕事に上記「③ワクワクした、夢中になった、興味
　　　　を持った、得意なこと、自信のあること」の要素があっ
　　　　た方がよいか？ない方がよいか？

　学生は必ず、「あった方がいい」と回答します。

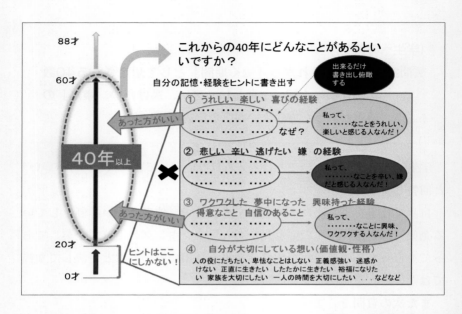

　ここで、学生に「志望動機」に係る最も大切な、最後の質問をし、考えさせます。

（学生への最後の質問）

質問4：では、仕事に「①うれしい、楽しい、喜び」、「③ワクワクした、夢中になった、興味を持った、得意なこと、自信のあること」がある状態のことを一般に何と言いますか？よく「仕事に〜がある」などと言われると思いますが...。

　学生から直ぐに出ない場合がありますが、必ず、「やりがい」「生き甲斐」という言葉が出てきます。

　ここで、一番最初に学生に投げかけた「あなたが、就職する目的は何

ですか？」に対する答えが「やりがい」「生き甲斐」であることに辿り着きます。

　学生には、企業研究やインターン、合同企業説明会（合説）などで企業のことを知り、そこでの仕事に自身の過去の棚卸しで分析した、この①③の要素と同じものがあると感じたら、自身が「「やりがい」「生き甲斐」を感じて働ける可能性がある企業」＝「応募してみる価値がある企業」かもしれないことを伝えます。

　学生がインターンや合説で説明を聞いても自分が応募すべき企業かそうでないかの判断がつかない場合は、この自己分析が不足していると判断しています。

---

3. 経験の棚卸し
応募してみる価値のある会社

- もし、あなたが、
  合説や企業説明会で
  <u>その会社の仕事内容や働き方に自分が「うれしい」「喜び」「ワクワク」する要素があると感じたら・・・</u>
- 仕事に<u>「やりがい」「生きがい」</u>を感じるかも。

「就活の軸」

<u>応募してみる価値のある会社かもしれません（自分に合った会社）</u>

自分が仕事に求める「就活の軸」がある会社

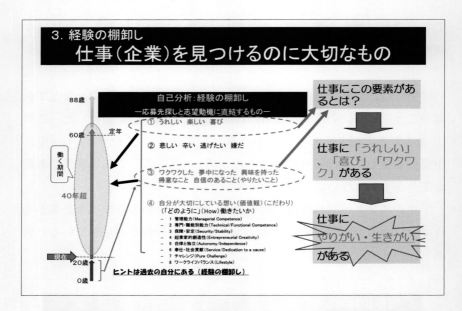

　自身の過去と向き合いこの「やりがい」「生き甲斐」の要素を見つけたら、それが自分の就職活動で企業や仕事を探す上での「軸」となると考えられます。

> これを応募書類の「志望動機」にどう記述していくべきかは、次編「エントリーシート作成編」で詳細に解説します。

応募先への志望動機·. 経験の棚卸し

4つの自己分析の要素ごとに

① うれしい　楽しい　喜び

② 悲しい　辛い　逃げたい　嫌だ

③ ワクワクした　夢中になった　興味を持った、
得意なこと　自信のあること（やりたいこと）

④ 自分が大切にしている想い（価値観）

1．記憶を箇条書きで書き出す

2．「なぜ」そう感じたか考える

3．自己の特徴・印象として書き出す

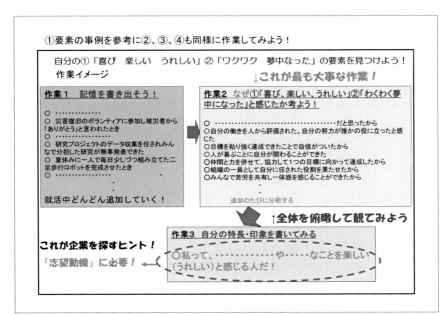

①要素の事例を参考に②、③、④も同様に作業してみよう！

自分の①「喜び　楽しい　うれしい」②「ワクワク　夢中なった」の要素を見つけよう！
作業イメージ　　　　　　　　　　　　　　　↓これが最も大事な作業！

作業1　記憶を書き出そう！

○ ‥‥‥‥‥‥
○ 災害復旧のボランティアに参加し被災者から「ありがとう」と言われたとき
○ 研究プロジェクトのデータ収集を任されみんなで分担した研究が無事発表できたとき
○ 夏休みに一人で毎日少しづつ組み立てた二足歩行ロボットを完成させたとき
○ ‥‥‥‥‥‥　　　　　　・

就活中どんどん追加していく！

作業2　なぜ①「喜び、楽しい、うれしい」②「わくわく夢中になった」と感じたか考よう！

○ ‥‥‥‥‥‥‥‥‥‥‥‥‥‥‥だと思ったから
○自分の働きを人から評価された。自分の努力が誰かの役に立ったと感じた
○目標を粘り強く達成できたことで自信がついたから
○人が喜ぶことに自分が関わることができた
○仲間と力を併せて、協力して1つの目標に向かって達成したから
○組織の一員として自分に任された役割を果たせたから
○みんなで苦労を共有し一体感を感じることができたから
　　　　　・
　　　　　・
追加のたびに分析する

↑全体を俯瞰して観てみよう

作業3　自分の特長・印象を書いてみる

○私って、‥‥‥‥‥‥や‥‥‥なことを楽しい（うれしい）と感じる人だ！

これが企業を探すヒント！

「志望動機」に必要！

2-8 「自己PR」の記述に必要な自己理解とは

　採用時に応募書類や面接で「自己PR」を問われます。繰り返しますが明確な正解はありません。自分を採用して欲しいとPRする内容の記述を求められているのですから、自身の「特長」「長所」「能力」など会社に必要な人物だとアピールすることだと理解できます。

　スポーツや芸術など実績を持つ者がそのことをアピールして採用に結びつくことは当然あり得ます。しかしながら、一般の学生が皆、そのような突出した実績をアピールして就職活動する訳にはいきません。そこで、学生に「2. あなたは、社会人として社会や組織で通用する性格・思考性向（考え方）・行動特性（このような場合はこのように動く）が備わっていますか？」という自分の内面を分析する質問に答えさせることから「自己PR」を考える導入を図っています。

　何の正解も示されない「自己PR」というお題に対してエピソードを交えて記述する場合、学生は「ガクチカ」との違いや書き分けに悩み、苦労します。そこで一定の指標として最初に示した「3つの質問」の2と3で考え方を整理させる方法をとっています。一方で「自己PR」の記述に自身が他者や社会で評価される圧倒的な「能力」や「実績」持つ学生がそれをアピールして記述することを否定するものでは全くありません。

2-9 「自己PR」に必要な内面のエピソードの抽出

先に企業選定の「軸」や「志望動機」の基礎となる自分の過去の記憶の棚卸作業を実施しました。「自己PR」では、自身の性格や考え方などの内面の特徴をあらわすエピソードを探す作業になります。学生に対しこの作業を理解させるため、一例として内面を表す要素「性格」を参考にエピソードの抽出を促すプロセスを説明します。

学生には、最初に「自己PR」を自分の内面を分析し記述することを目標とすることを説明します。

最初に学生に以下の説明をします。

（学生への説明）

人間は複雑な生き物です。自分の内面の特徴を理解し、人に伝えるのは非常に難しいと思います。「性格」を例にするとたとえば、「穏やかな性格」な人でも、時と場合によっては「激怒」する場合もあり得るからです。自分の特徴を正確に言葉に出すのは困難なので、その必要はありません。

その上で次の質問をします。

（学生への質問）

質問1：皆さんが、自身が気軽に初対面の人に自己紹介するノリで結構です。一言で「自分はこんな性格です」と紹介するとしたらどんな言葉が出てきますか？

学生は個々に考えを巡らせます。中には即答できない学生や性格をあらわす言葉が思いつかない者もいると思います。そこでいくつか性格をあらわす言葉を例示すると効果があります。

　性格をあらわす言葉はいくらでもあります。またその言葉のいずれにも多少なりとも個人は該当します。学生には、就職活動で自身が使えると思う性格をあらわす言葉を選択すればよいと促します。

　正解はありません。学生が自分で認識している性格をあらわす言葉で大丈夫です。

　自身の性格をあらわす言葉が思いつかない場合やヒントが欲しい場合に学術的な裏づけはありませんが、ウェブサイトなどで実施される性格テストやエニアグラムなどアセスメントを利用して自身の性格をあらわす適正な言葉を見つける方法もあります。

性格をあらわす言葉（例）

生真面目	礼儀正しい	物静か	冷静
意思が強い	責任感がある	親しみやすい	明るい
粘り強い	リーダーシップがある	好奇心が旺盛	世話好き
視野が広い	縁の下の力持ち	おおらか	順応できる
こだわらない	人づき合いが上手	自立心がある	協調性がある
協力的である	自分に誇りを持っている	我慢強い	向上心がある

明るい	自立心	学者肌	楽観的	ユーモア
謙虚	好奇心	合理的	我慢強い	集中力
自己中心	誠実	繊細	行動力	社交的
常識的	のん気	大胆	素直	積極的
道徳的	内向的	悲観的	短気	淡白
責任感	独創的	優しい	冷静	消極的
直感的	勤勉	神経質	律儀	負けず嫌い
批評家	優柔不断	慎重	協調性	凝り性
緻密	堅実	柔軟	感情的	論理的

次に、学生にその言葉を選んだ理由として自身の過去のどのような経験がその言葉に合致しているかを導き出す質問をします。

（学生への質問）

質問2：**次に自分の性格をあらわす言葉を選んだ根拠として、過去のどのような経験から自分の性格をそう感じたかを、エピソードを記述してみてください。**

学生は、例えば「負けず嫌いな性格」や「粘り強い性格」など自分で選んだ性格をあらわす言葉を示す過去のエピソードを記述しようと作業します。上記「志望動機」の作業のように限定的に過去の棚卸を実施したのとは異なり、これまで学生が過去に他の「自己分析ガイダンス」などで自分のライフチャート（個人年表）などを作成した経験があれば、それを利用してもよいことを伝えてください。

ワークタイム(自己PR)

ー自分の内面をどう伝えるか　　自己PRを記述するのに必要な要素を準備しますー

自分の特徴（性格）を書き出してみましょう。

① 自分の**性格・思考性向・行動特性**などを表す言葉は何ですか？

　　　　　　　　　　　　　　な**性格（人）**だ。

② どんな時にそう思いますか？（又は、どんな状況で他者から指摘された）
　エピソードをできる限り**詳しく書いてみましょう！**

2

自己分析支援編

57

自分の「自己PR」の要素を見つけよう！ ↓これが最も大事な作業

作業１：自分の内面を表す言葉
自分の性格、思考、行動面での特徴を表す言葉は何だろう？
【例】
○生真面目、○礼儀正しい、○物静か、○意思が強い、○責任感がある、○リーダーシップがある、○粘り強い、○親しみやすい、○視野が広い、○おおらか、○好奇心が旺盛な、○こだわらない、○落ち着いている、○冷静、○人づき合いが上手、○世話好き、○自立心がある、○順応できる、○協調性がある、○協力的である、○明るい、○自分に誇りを持っている、○向上心がある、○我慢強い、○縁の下の力持ち‥
など
就活中どんどん追加していく！

作業2：エピソード
右の自分の特徴はどんな時に感じる？またはどんな時に他者から言われた？具体的に書く。(出来事だけを書く)
【具体的なトピックス（出来る限り詳細な状況を記述する）】
○　私は、レストランの接客のアルバイトを2年間継続しています。接客は初めての経験で、しかも長時間の立ち仕事で体力的にもしんどい仕事でした。また、当初はメニューが複雑ですぐに覚えることが出来ず、発注ミスや複数のお客様への対応を同時並行して行う必要もあり。周囲へ迷惑をかけたり、注意を受けてばかりで精神的にも大変つらい思いをしました。すぐに逃げたくなって辞めることも考えましたが、レストランの店長が丁寧に指導してくれることから、自分に負わされた責任や期待にきちんと応えたいと思い、複雑なメニュー全てをノートに書き写し時間があれば暗記に努めたり、他の方の動きを観察したり助言を仰いだりして合理的な注文の取り方や動き方を実践してみる試みを半年以上も粘り強く繰り返し練習に励みました。ある時、お客様から接客の対応が良く迅速で気持ちのいいサービスだったとお声かけをいただき、店長からも後輩の指導を任されるようになりました。

これが自分をPRするヒント！
「**自己PRのサマリー**」になる！

←

作業3：社会人基礎力にあてはめる
上記の自身の特徴は会社や組織でどう活かされるだろう？
（例）
○　（主体性）(実行力)だとしたら‥
「私は、粘り強く責任感がある性格で物事に進んで取り組み失敗しても粘り強く最後までやり遂げることができます。」

　自身の性格をあらわす言葉を具体的に示す過去のエピソードが記述できれば、「自己PR」に係る質問「あなたは社会人として社会や組織で通用する性格や思考性向・行動特性が備わっていますか？」に対する回答準備ができました。

　応募書類で「自己PR」としてどう記述していくべきかは、最も大切な指標である「社会や組織で通用する」をどう記述上に担保するかも含めて、次編「エントリーシート作成編」で詳細に解説します。

2-10 「学生時代に力をいれたこと（ガクチカ）」の記述に必要な自己理解とは

　上記で「自己PR」に係る「学生の「内面」が社会や組織でどう通用するか」という質問に対応するために、主観的な内面「性格」のエピソードを過去の記憶から抽出する作業をしました。

　「学生時代に力をいれたこと（ガクチカ）」は、自身の客観的な「経験」そのものが社会や組織で必要な経験であったことをあらわすエピソードを探す作業になります。これは客観視できるエピソードの抽出ですので、学生自身のライフチャート（個人年表）などから様々なエピソードを書き出し、「**社会や組織で必要な経験**」かどうかを分析する作業です。以下では、自身の記憶の棚卸から、どのようなエピソードを抽出し分析前の段階の作業を実施します。

　学生には、上記のように「ガクチカ」を自分の客観的な経験を分析し記述することを目標とすることを説明します。

「学生時代に力を入れたこと（ガクチカ）」に
必要な客観的なエピソードの抽出

次に学生に以下の説明をします

（学生への説明）
「自己PR」で自分の内面的な側面から「記憶を棚卸」して自己
理解を図りましたが、「ガクチカ」では自分の「経験」という客
観的な取組自体を分析することになります。採用側は、皆さん学
卒者を「内面」と「経験」という内と外から、社会人として十分
組織や仕事で通用する人物かを見定めるために応募書類や面接で
確認しているとの認識を持ってください。

　学生には、ある程度、自己PRとのバランスを考え、内省する自己完
結型のエピソードよりも、「ガクチカ」は<u>どちらかというと他者や組織
との関わりのエピソード</u>の方が、より自身のことをバランス良く伝えら
れるので採用試験として自身をより多面的に評価される場合に有効であ
ることを意識させる説明をします[9]。

　その上で以下の質問を学生にします。（少し限定的な質問になります。）

9　「自己PR」と「ガクチカ」の棲み分けの意識を持たせる必要があります。エントリ
　ーシートの添削を依頼された場合にどちらの項目も似通ったエピソードを記述してしま
　い自身の一側面しかアピールできていないケースが多数あります。

（学生への質問）

質問1：自分の過去の記憶で「社会や組織で人と関わった取組」
で下記例に該当するものがないか探して書き出してみま
しょう。

　・組織で周囲と協働し苦労して乗り越えたこと
　・組織内の人間関係でコミュニケーションを発揮したこと
　・組織で目標を設定してやり通したこと
　・組織で周囲と協働して課題を改善したこと
　・組織で新たな取組に挑戦したこと　　　など

　学生は個々に記憶の中の経験に思い巡らせます。この段階では、その
エピソードのどれを選択して「ガクチカ」の記述にするか決められない
ので、詳細なエピソードを記述する必要は無く、エピソードの概要や箇
条書き程度でも良いかもしれません。

ワークタイム(学生時代の経験　ガクチカ)

自分の経験を書き出してみましょう。

① 自分の社会や人との関係性を表す経験や課題克服した経験は何だろう？

【例】	1　苦労して乗り越えた経験	4　組織内の人間関係で経験したこと
	2　目標を設定して達成したこと	5　やり通したこと
	3　改善したこと	6　チャレンジしたこと

経験のエピソードをできる限り詳しく書いてみましょう！

どんな経験	経験① 学業(ゼミ研究室他)	経験②バイト	経験③サークル	経験④資格取得他	経験⑤その他

自分の経験を書き出してみましょう。

① 自分の社会や人との関係性を表す経験や課題克服した
　経験は何だろう?

【例】 ○　苦労して乗り越えた経験
　　　 ○　組織内の人間関係で経験したこと
　　　 ○　目標を設定して達成したこと
　　　 ○　やり通したこと
　　　 ○　改善したこと
　　　 ○　チャレンジしたこと

エピソードをできる限り詳しく書いてみましょう!

　これらのエピソードのどれが「今後、社会や組織で役立つ経験」かを
エントリーシートに作成する段階で検討しますので、現段階では、これ
まで学生が過去に他の「自己分析ガイダンス」などで自分のライフチャ
ート（個人年表）などを作成した経験があれば、それを利用してもよい
ことを伝えてください。

　過去のエピソードが記述できれば、「ガクチカ」に係る質問「あなた
は社会人として役立つ経験をしていますか?」に対する回答準備ができ
ました。

　応募書類で「ガクチカ」としてどう記述していくべきかは、最も
大切な指標である「社会や組織に必要な」をどう記述上に担保す
るかも含めて、次編「エントリーシート作成編」で詳細に解説し
ます。

自分の「学生時代に頑張ったこと」の要素を見つけよう！

作業１：自分の経験を書きだす
自分の社会や人との関係性を表す経験や
課題克服した経験は何だろう？
【例】
○ 苦労して乗り越えた経験
○ 組織内の人間関係で経験したこと
○ 目標を設定して達成したこと
○ やり通したこと
○ 改善したこと
○ チャレンジしたこと

就活中どんどん追加していく！

作業２：トピックス　　　　↓これが最も大事な作業
具体的に書く。（出来事だけを書く）
【具体的なトピックス（出来る限り詳細な状況を記述する）】

【例】
○ 私は、自分の専攻分野のフィールドワークやゼミ活動を通じて多様な方々と目標に向かって協力することの大切さを学びました。大学のゼミでは「近代化遺産」の研究をしています。研究内容の性格上、フィールドワークに多くの時間を費やし、自分の研究以外にも各種授業課題をこなす必要があります。組織内で自身の研究課題だけに集中するとゼミメンバーから自分一人で空回りしたり、コミュニケーションが不足し周囲に迷惑をかけたりを経験しました。この経験から自分と周囲の関係に気を配り状況を的確に理解することや効率的な時間の使い方、報告・連絡・相談など組織内での意思疎通の大切さを痛感しました。この経験を社会人として組織の中で活かし、良好な人間関係を築いていきたいと思います。

これが自分の経験をアピールするヒント！
「ガクチカのサマリー」
になる！

作業３：社会人基礎力にあてはめる
上記の経験は会社や組織でどう活かされるだろう？
（例）
○ （状況把握力）（発信力）（傾聴力）だとしたら‥
「私は、学生時代に自身の研究活動でフィールドワークやゼミメンバーとの共同研究の経験から自分と周囲の人々や物事との関係性を理解し目標に向かって協力することの大切さを学びました。」

2-12 大学での専門分野・研究内容の棚卸し

　就職を検討する際の自己理解で必要な要素として、上記学生自身の「内面」と「経験」の棚卸しの方法を説明しました。最後に学生がこれまで学んできた大学での専門性という武器を認識させる目的とその意味を説明します。このことは、大学時代をモラトリアム時期として過ごした学生、将来のキャリアを見据えて進学した学生を問わず必要な自己理解だと考えます。

学生に認識させるべきこと
①なぜ、現在の専門分野を学ぶ選択をしたか？
②自身が取得した専門的知識が社会とどう繋がっているか？
③大学での専門分野や教養が直接・間接的に仕事にどう活かせそうか？

①は、仕事を選び、選んだ仕事が長く続く要素である「興味特性」を学生に把握させることを目的としています。

キャリアコンサルの面談で広く選択の範囲があった高校時代に例えば受験での理系・文系の選択判断から具体的な学部や学科などの専門性のどのような要素が学生の選択に影響したか尋ね、考えさせ、自覚させることで、仕事探しの視点を確立させることにも繋がります。特に「何となく」大学に進学し、大学時代を将来の職業選択のモラトリアム期としてきた学生には、特に重要な面談になります。

「興味特性」の把握を目途に面談しますので、学生が「興味と関係のない要素」で進学した場合などは、VRTなどアセスメントが必要な場合があり面談だけで解決しないことも想定する必要があります。

学生が「興味と関係のない要素」で進学したケースとしては、進学時の模擬試験でこの科目の得点が高いのでこの学部学科だと偏差値の少しでも高い大学に進学できると進路指導された結果であったり、自分でその判断をして大学に入学した学生の場合があります。大学での専門性が「興味特性」とかけ離れている場合は、職業選択の参考にならない可能性があり、要注意です。この様なケースは専門性とは別に他の興味特性を活かした就職の支援が必要になります。

②は、興味の延長で専門を学び研究していた学生時代から専門分野を職業として活かすという観点に切り替えるために、仕事を通じて社会に

参加する際に、自身の専門分野（研究内容含む）が社会にどう繋がっているか、（できれば、どう貢献できるか）までをキャリア面談で考えさせることが目的です。特に企業や公務員として専門性を活かして働く際の意識として高く評価されます。エントリーシートで自身が大学で学んだ専門性や研究内容を記述する際にも自分の今学んでいることが世の中や社会課題、自身の未来のためにどう結びついているかを記述すると採用側から高く評価される傾向があります。当然採用面接での高い評価も期待できます。

　③は、ジョブ型採用の場合は、学生の現在の専門性をどう活かせるかを判断されますので、明確に認識しておく必要があります。必ずしも専門性でなくても広く教養や論理思考や創造性などをアピールすることにも繋がります。従来型の日本の企業で一般的であった終身雇用を前提としたメンバーシップ型の採用であっても企業がその学生をどのように育成していくかを判定するのに役立ちますので、学生本人が明確に認識しておくと、採用可能性の高い説得力のある応募書類作成に繋がります。これも採用面接での高い評価が期待できます。

これらの学生自身の専門性をどう応募書類等に記述すべきかは、本冊子「エントリーシートの作成支援」に記述します。

2. 自己分析支援編　まとめ

－キャリアコンサルタントに必要な知識とスキルー

〇「自己理解」のための自己分析支援

①「自己理解」の必要性を学生に理解させ、目的を明確に持たせる説明ができること

②「自己理解」した内容を学生自身が応募企業の選定や応募書類作成や面接応答でどう使用することになるかを具体的に説明できること

③「自己理解」のための分析手法を実践できる知識を養うこと

3

エントリーシート作成支援編

　前編の「自己理解支援編」で学生が就職活動に必要な自己分析を経て仕事の「やりがい」や「生き甲斐」といった「自己理解」から就活の「軸」となる要素や自分の「内面」や「経験」をあらわすエピソードを見つける作業を解説しました。

　この「エントリーシート作成支援編」では、これを踏まえて、「志望動機」「自己PR」「学生時代に力をいれたこと（ガクチカ）」の記述を作成し、学生が就活で応募企業の書類選考で多数の応募者の中から自身がセレクトされるレベルのエントリーシートを仕上げていくための学生支援のポイントを、具体的に説明していきます[10]。

10　一般に大学で実施される大人数の学生を集めた自己分析ガイダンスやセミナーでは学生のライフチャートや自己年表などの作成から過去の記憶やこれまでの経験を棚卸しさせ、それらがどういったものかを分析させ認識させるプログラムが多いと思います。通常はそこで終了で、その分析した自己理解の何を、どのように応募書類として「志望動機」や「自己PR」に反映するかは説明されません。本編では自己分析の内容を具体的に採用側が求める情報としてどう記述するべきか、自己分析と応募書類作成の間を埋める解説を目指します。

3-1　エントリーシートに正解がないことの説明

　エントリーシートの記述の支援をするにあたり、一番最初に必要な共通認識を学生に図る必要があります。

(学生への説明)

　本来、エントリーシートの記述に正解はありません。

　「このように記述すれば必ず書類選考が通過する」というものは存在しません。ESは、皆さんが自由に何を書いていいものです。ただし、ESを応募企業に提出する目的は、自分自身の代わりに書類選考で採用側に自分が採用に値する人物であることを伝えることです。記述されたESを採用担当者がどう受け止めるか次第なので、その設問に込められた採用側の意図を知って的確な情報を記述すべきであるのは疑いありません。この先の説明は、「採用側が求める情報を的確に記述した上で各自が自由に記述や構成をブラッシュアップしていく」ための説明だと思ってください。

　上記説明は、正解がないものに対し、正解を求める学生が多くいるため[11]、必ず伝えておく必要があります[12]。

11　この「エントリーシート作成編」では、キャリアコンサルの対象を「大学生」として自身が理解したことを「記述」するのに必要な教養が身についていることを前提に説明しています。企業は、中学生レベルの教養も備わっていない「大学生」を採用して大卒給与を支払うことは望んでいません。ここで紹介するレベルの説明や記述ができる最低限の教養が学生に備わっていることが必要です。

12　特にこれまでの高校・大学入試に際し、塾や予備校などで手っ取り早く「解き方」「正解」を伝授されてきた学生は、応募企業に必ず「受かる応募書類の書き方」があると信じて期待しています。

68

1. エントリーシートを書いてみよう

注意！
本来、内容は自由です！
正解が無いので、自分の志望する気持ちを
素直に書けばいい。
でも・・・
採用側の意図を知って、自力で作成した
記述をブラッシュアップする参考にしてください

　ここからの説明は、時間的制約の中で結果を求める学生に自身の多様な表現をできるだけ単純化してわかりやすく説明するため、「この構成で記述しないと書類選考に通過できない」や「この表現でしか記述してはダメ」ということでは絶対にないことを事前に伝え、最終的に自由に自身を表現するべきものであることを共通認識するために必要です。

3-2　エントリーシートは、まず文字数制限を念頭に入れずに考える

　エントリーシートを記入する際に、応募企業が指定する文字数制限が気になります。しかし文字数制限を前提に記入すると極端に抽象的な表現となったり、伝えたい内容が伝えきれていなかったり、場合によっては、文字数を少なくしたいと「である調」で記入してしまい、本来、素

直で謙虚な学生が上から目線で横柄な人格の者が記述しているような悪い印象を与える文章になってしまうケースが生じます。そこでまず、各項目を記入する際は文字数制限はないものと考え、伝えたい内容を全て記入してみることを指導しています。伝えたい内容は必ずしも完成した文章でなくても良いと思います。箇条書きでも大丈夫です。

　この伝えたい内容を全て記入したものを私は「プラットフォーム」と呼んでいます。「プラットフォーム」を作成するメリットは、「自己PR」や「ガクチカ」などの内容が確立していれば、複数の応募先に使い回しができることです。応募先ごとに書き分ける必要がある「志望動機」でも構成要素の中の自分の企業選択の軸にあたる「自分のこと」は確立できていれば、使い回しが可能です。それに加えて、「プラットフォーム」は、基本的にすべての伝えたいことを記述しているので文字数が多くなっています。応募書類は、これを元に応募企業ごとのエントリーシートに指定された文字数に推敲して減らす作業になります。「プラットフォーム」から重要な箇所だけを残し、又は詳細すぎる表現を多少抽象化するなどの作業で指定文字数に整えるのは難しい作業ではありません。何よりもこの際の作業で削除したり、抽象化した文章箇所は面接試験時に面接官から詳細に質問される箇所にもなり得ます。無駄な作業ではなく、面接での応答準備にもなる必要な作業だと考えてください。

3-3　応募時にエントリーシートへ記入を求められる代表的な項目の説明方法

　エントリーシートは、各採用機関がそれぞれ独自に様式を定めています。記入を求める設問もプロの人事担当者が作成したレベルのものから、あまり深く考えられていない素人っぽい設問までが存在します。様式も

履歴書のようにJIS規格などで決まったものはありません[13]。WEBサイト上で入力するESなどは、すでに「紙媒体」ですらありません。

先の「自己分析編」で3つの質問への回答を学生に考えさせることから、企業選択や応募書類作成に必要な自己分析への誘導をしました。これに対応するエントリーシートの項目は、「志望動機」「自己PR」「ガクチカ」の3つです。

この三項目を自己分析の作業から記述していくプロセスを紹介します。

・**三項目の確認**：最初に、採用側がこの三項目で「何を確認しようとしているか」を学生に確認し、理解させます。

採用側はこの三要素で何を知りたいのか

重要！

－1．あなたが、就職する目的はなんですか？

志望動機
①この学生はどんな軸で就職先をさがしているか？
②自分たちの会社をどう見ているのか？
③会社にどう貢献してくれる学生か？

－2．あなたは、社会人として社会や組織で通用する性格・思考・行動が備わってますか？

自己PR
①自分の内面（性格や特長）をどう分析・認識しているか？
②上記の具体的な証拠を示しているか？
③自分の内面が社会でどう活かせると考えているのか？

3．あなたは、社会人として働くために役立つ経験をしていますか？

学チカ
①自分の経験をどう分析・認識しているか？
②上記の具体的な証拠を示しているか？
③自分の経験が社会でどう活かせると考えているのか？

13　大手学卒求人サイトのオープンESのように共通で複数の会社の採用に使用されるものもあります。

これは実際に採用担当者として、多数のエントリーシートを読んで採用者を選考し、採用後のその者を見守った者の経験則を踏まえています。この経験則には、様々な採用選考の過程で採用側で行われた議論や観点の整理がなされたものと考えていただければ結構です。

　図の右上に「重要！」と記述しているのは、この1枚は、「志望動機」「自己PR」「ガクチカ」の設問ごとに採用側が確認する観点を丸数字で示しています。今後、作成したエントリーシートだけでなく、面接応答を準備する際にもチェックリストとして役立てていただけるものだからです[14]。

・**基本構成**：次に文書を作成する際の基本的構成についても、できるだけ単純化して説明しておくとこの後の各項目の記述構成に説得力が増します。

　基本はプレゼンテーションの基本である「PREP法」です。

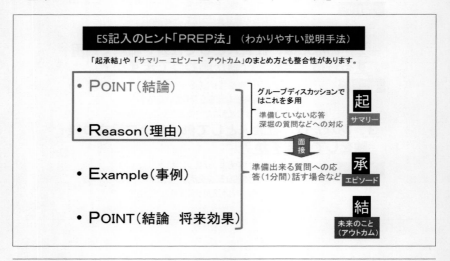

14　この図は、企業の採用担当者がエントリーシートを元に書類選考する際にも役立ちます。特に採用経験の浅い担当者やこれまで勘や「何となく」フィーリングで書類選考していた方にはぜひ参考にしていただきたいと思います。

　同様のものとして、通常の作文の文章構成の説明によく使用される「起承転結」がありますが、「転」の記述が非常に困難ですので通常は「起承結」で記述する概念で良いと思います。

　エントリーシートの設問の種類にもよりますが、概ね三構成で考えると何を記述すべきかの自分の頭の整理にも役立ちます。様々な説明法がありますが「起」に対応するものとしてPREP法ではPoint（結論）とReason（理由）をサマリー（要約）になると考えるとわかりやすくなります[15]。

　次の「承」に当たるのがExample（事例）です。「エピソード」がこの役割を果たします。

　最後の「結」は結論と捉えることができますが、先にサマリーに結論的な内容を記述していますので、繰り返しになってしまいます。そこで上記の「起」と「承」を踏まえた「アウトカム」＝「将来効果」として記述すると多数の応募者の中から採用側にピックアップされるために大きな効果をもたらす要素がエントリーシートに付加されます。

15　学生に対して採用面接の指導を経験された方はお気づきだと思います。面接での鉄則「結論ファースト」の基本もこれに該当しています。

― 「志望動機」について余談 ―

私は、学生が志望動機を記述する前に「マズローの欲求5段階」を使用して各自の「就職の目的」について考えさせる機会を取っています。

人間の欲求が自身の生存を維持するための低次の「生理的欲求」から自身の尊厳や承認要求よりさらに上の高次の「自己実現欲求」までに至る図を利用して、学生各自の就職がどのレベルの欲求を満たすものと認識しているかを考えさせます。図の下から①「生理的欲求」で示される自分の命を維持するため、空気や水、食料を得るためだけの欲求を満たすための労働：この次元で就職を考えている学生は、社会体制が整った先進国では、ほぼいないであろうことがわかります。②「安定欲求」で示される次元の欲求は最下層の「生理的欲求」よりもお金や食料、住む場所などを安定して得たいという欲求です。安定を得るための労働：高い給料は求めず「人並みに暮らせれば良い」「あくせく働くのではなく、ゆっくり安定」を求める働き方など、安定した公務員志向の大学生など、この次元で就職を考える者が存在します。③「社会的欲求」は、仕事を通じて社会に参加したい、組織に所属し役割を果たしたい、仲間が欲しいなどの目的での就職：①②の物欲からより高次の社会的な欲求を満たす目的です。④「承認欲求」は③で組織や社会に参加してその中で人から尊敬されたい、出世したい欲求での就職：活躍して評価や賞賛を求めるハードワークをいとわない働き方です。⑤「自己実現欲求」は④で既に所属組織で評価され尊厳が満たされた人が求める欲求なので「政治家」「社会事業家」「宗教家」など、この次元は大学生の就職の概念ではないと考えられます。就職の目的は、決して高い次元の欲求でないといけないという訳ではなく、どの次元の欲求が正しいというものでもありません。各自それぞれが「幸せ」な職業選択をする目的を考えるためのものです。ただし、就職は相手があるということです。「採用する側」と目的が合致していないと「志望動機」は通過しません。応募者に競争があれば、基本的に採用側はより高次の欲求で就職を考えている者を採用しようとします。例えば「安定欲求」で就職しようとする者よりも「承認欲求」で就職する者の方が仕事で認められるためにハードワークをいとわないのは明らかだからです。安定欲求の者が多数の応募者が集中する高給が期待できる業界・会社に応募しても採用が困難であり、偶然採用されても幸せな職業人生を送ることは困難だと思われます。

3-4 「志望動機」構成の解説

　ここでは、学生に「志望動機」の記述がどのように構成されるかを説明し、理解させます。

　「志望動機」は記入構成の基本である「起」「承」「結」＝「サマリー」「エピソード」「アウトカム」そのままの記入ではなく、少し工夫が必要です。そのため、志望動機の記述を採用側が応募者の選定に求める内容「①自分のこと」「②応募機関（企業）のこと」「③未来のこと」の三構成で記述していく方法です。

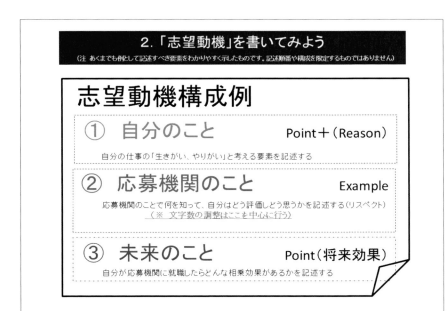

　最初の構成「①自分のこと」は、応募者がどのような軸で就職先を探しているかを「サマリー」箇所に記述します。事前に応募者は企業探しの軸を自己分析し明確にしておく必要があります。

　企業探しの軸は自身の過去と向き合い棚卸しして自己分析から見出し

た「やりがい・生き甲斐」の要素になります[16]。仕事の目的としてそれらを求めて当該企業に志望することに至っているからです。この要素の記述を「①自分のこと」として記述します。記述の具体的内容は次項で説明します。

次に「エピソード」箇所に該当するのは、「応募機関（企業）のこと」です。応募学生が、応募企業をどう認識しているかを記述します。採用側は、上記「①自分のこと」の軸で就職活動している学生が自分たちの会社を「どう見ているか」「どう評価しているのか」興味を持って確認する箇所です。応募者の企業研究や職業理解の度合が試される箇所でもあります。

最後の「アウトカム」＝「将来効果」は、「③未来のこと」として自分が採用された場合に採用企業にどのような効果をもたらすかを記入する箇所です。自分が多数の応募者の中から選択されるために、自らの言葉で自分が組織に加わるとどのように「効果をもたらすか」「貢献ができるか」「どのように働けるか」の具体的イメージを記述する箇所です。

以上3つの項目の具体的な記述内容は次項で説明します。

16　どう見い出すかは「2. 自己分析支援編」で解説しています。このことは採用企業でも、採用者の配置や異動の際に参考になります。採用書類としてだけでなくその後の社員のキャリアパスを検討する上でも役立つ情報になります。

3-5 「志望動機」の具体的記述

「志望動機」を項目ごとに具体的な記入を説明してみましょう。

まずは、<u>文字数制限を気にせず</u>、記入してみよう。
「志望動機」を3部構成で書いてみよう
※以下の構成は記述すべき要素を単純化して示しています。記述の順番や構成を限定するものではありません

志望動機構成例

① 自分のこと　　　　　Point＋（Reason）

自分の仕事の「生きがい、やりがい」と考える要素を記述する

② 応募機関のこと　　　　　　Example

応募機関のことで何を知って、自分はどう評価しどう思うかを記述する（リスペクト）
（※ 文字数の調整はここを中心に行う）

③ 未来のこと　　　　Point（将来効果）

自分が応募機関に就職したらどんな相乗効果があるかを記述する

文字数や表現は、全ての情報を記入してから、文章推敲時に調整します。

> 自分の就職の軸、社会や組織で何が自分の「生きがい」や「やりがい」となると考えているのか。
> **をそのまま記入してみよう！**

> 会社説明会や自身で調べた応募機関の知っていることをどんどん記入しよう！上記①で感じる喜びや興味の要素があればそのことに共感することを記入しよう！

> 例）「貴社の・・・で（社会に貢献している点）（お客様にサービスを提供していること）に対し、自分はこう思い、こう感じ、こう共感しました。」等々

> 自分が会社の一員になったら<u>会社にどんな相乗効果をもたらすか、自由に書いてみよう！何を書いても大丈夫！</u>

> 例）「私も貴社で」「私も貴社の一員として」、「製品を広く社会に知ってもらい企業の信頼やブランドイメージを高めるために貢献したい。」、「貴社の管理部門で社内の人間関係や業務がスムーズに運営できるよう働きたい。」、「貴社の存在が地域の方々の安心や信頼を与えられるよう尽力したい」等々

「①自分のこと」

　「自分のこと」は、様々な業界や企業がある中で当該企業を志望するにいたる就職先探しの軸が何であるかを記述する箇所です。自分の過去の記憶を棚卸し分析した内容を簡潔に記入します。

　これは、「PREP法」の「P」「Point」に当たります。「R」「Reason」にあたる「その理由」は過去の自身の記憶から自己分析した内容になりますので、文字数によりますが通常は記入しなくても志望動機として成立します。500文字以上の長文で記入を求められる場合などには、「軸」の理由として過去の経験などを記述しても良いと思います。

　この「自分のこと」は自身の過去と向き合い自己分析した者でないと記入できません。P.84のコラム「志望動機のワナ」に記しましたが、深

く志望動機の作成に向き合っていない者は「自分のこと」を全く記入していないことが多く、仕事の「やりがい」「生き甲斐」を見つけていない可能性があり、職業と自身のミスマッチに繋がり、採用後に早期離職する者の特徴でもあります[17]。

① 自分のこと
自分の生きがい、やりがいと考える要素を記述する

1. できるだけ簡潔に
2. 仕事探しの軸が何かを示す

「私は社会参加の方法として仕事でこんなことを経験していきたい」
「仕事でこのような経験しながらキャリアを積みたいと思っている」
「このような思いを実現できる仕事をしていきたい」
　　　　　・・・ことが、採用側に伝えられれば十分です。

「きちんと自己分析して軸が定まっている学生」と評価されます

「②応募機関（企業）のこと」

　「応募機関（企業）のこと」は、志望動機提出先の機関（企業）について応募者がどのような認識をしているかを記述する箇所です。採用側は、応募者が自分たちの機関（企業）のどんなことを知っており、どんな評価をしているか興味深く読むところです。この記述で各応募者の志望動機の評価に大きな差が生じるところでもあります。

　「単なる企業イメージ」や「一般的な事業内容をただ羅列している」「客

17　人事採用のプロは志望動機の段階でその応募者が自身の過去と向き合い仕事探しの「軸」を自覚しているかで、早期離職する可能性がある人物かを見極めることができます。

観的な情報を記述している」だけの志望動機が多く見受けられますが、いずれも「あなたを」採用するための情報ではありません。ここにも「私は」という情報を入れる必要があります。つまり、「自分が知った企業の様々な事業内容や客観的な情報を自分はどう思っているか」「どう評価しているか」を記述していく必要があります。この項目は、企業のHPなどで情報を得ることや新聞記事、四季報、データベースなどで大量の情報を得ることができますので、記述するネタの宝庫です。大量に記述することができるはずです。最終的に志望動機の記述を指定文字数に収める際にはここを中心に文章推敲し文字数調整することになります。

　また、当該企業について知っていることを取り上げ、自身がどう思っているかを記述していても、単に会社の製品をほめるだけであったり、CMや広告から得た企業イメージについての記述では、全く評価されません。多数の応募者の中からピックアップされるエントリーシートにはなっていないと考えてください。

―「応募機関（企業）のこと」の記載内容の効果 ―

　上記説明でこの項目の記述がどのような内容かを学生に理解させる必要があります。ここでは、学生が応募機関（企業）のことを調べ、認知した内容について自分がどう思っているか（どう評価しているか）を記述しています。この項目が「志望動機」として記述されていることから、その内容が当該機関（企業）をいわゆる「ディする（軽蔑した）」内容で記述するでしょうか？あり得ないですね。「この企業のこんなところが嫌いだ！」と記述されることはありません。そんな者は応募して来ないからです。

　そこで学生に「どんな内容の記述がされていると思いますか？」と問います。これでこの箇所には、応募者が当該企業のことを「共感」していたり、「魅力に感じ」たり、「自分も一員として働きたい」といった応募機関（企業）への「好感」、若しくは「リスペクト」している内容の記述になっていることを理解させます。

　ここは採用側の担当者も読んでいて嬉しくなる箇所です。特に浅いリスペクトではなく、自分たち企業が力を入れている企業活動の「本質」や「こだわり」をきちんと見つけて評価している学生は、それだけでも書類選考を通過させたくなります。自分たちのシンパである学生の入社意欲に応えたいとすら感じる場合があります。だからこそ、企業の活動や取組をじっくり調べ見極める「企業理解」が必要になります。「この学生は、私たちの企業のそんなことまで調べてきたのか。」と思わせることができれば、本気で応募していることが伝わっています。

（記述例）「志望動機」「会社のこと」

例1「貴社は、●●分野の生産において日本の産業に深く貢献されており、自身の扱う製品が国を支えているという誇りを感じて働ける職場だと思います。」

例2「貴社の社員育成の方針である・・・・とそれを具体的に制度化されている研修制度およびキャリアパスの設定は組織の一員として自身の責任と役割を明確に理解し日々の業務でそれを実感できる点で働くモチベーションを高く保てる点で共感しています。」

例3「貴社が長年蓄積された製品づくりのノウハウはその独自性から世界の需要に対して今後グローバルニッチトップを目指せる点から世界を相手に仕事をしたいという私の希望が叶う職場です。」 など

上記、記述例のように応募機関（企業）の取組や業績など自分が知った（認知した）内容を取り上げ、どう評価しているかを記述します。この箇所は先に説明したとおり、ネタの宝庫です。書き出した中から文字数制限内にセレクトして記述することになります。

ただし、「志望動機」である限り必ずこの箇所に記述すべき内容があります。

それは「①自分のこと」で記述した、自身が仕事を通じて得たいと思っている「やりがい」「生き甲斐」の要素が当該応募機関（企業）に「ある」ことです。

(記入例示)

例1「中でも、チーム制での営業で自身の働く実績がチームにも
　　　貢献できる点に最も魅力を感じています。」

例2「特に、独創的な企画に対し「まずはやってみよう！」とい
　　　う姿勢で全社的に提案を積極的に取り上げ実施検討していた
　　　だける点に最も魅力を感じ自身も挑戦したいと思いました。」
　　　など

② 応募機関のこと

応募機関のことで何を知って、
何に自分は共感するかを記述する

（※　文字数の調整はここを中心に行う）

1. できるだけ**詳細に**　　四季報・日経テレコンなどのデータベース
　　　　　　　　　　　　　や新聞記事などが参考になります
2. **自分はどう思うか**を付す
3. **「①自分のこと」が実現できること**

「貴社は●●事業で社会に△△を提供し貢献されており、自分はこう
思っている（こう感じている）（このように評価している）」
「貴社はお客様に●●サービスを通じて広く信頼を得ており、長く誇りを
持って働ける職場だと感じた」
「中でも、●●●を経験できることに強く魅力を感じる（共感できる）」…

「我々の機関をきちんと認知し、リスペクトしている学生」と評価されます

「③未来のこと」

　「未来のこと」は、採用後の状況を記述する箇所です。自分が応募機
関（企業）に入社したらどのような効果をもたらすかです。まだ来ぬ「未
来のこと」を想像で記入しますから、入社後の心意気の記入になりがち
です。しかし多数の応募者の中でセレクトされるべき情報とするために、
組織にどのような貢献ができるかを具体的に記述できれば書類選考の通
過率が明らかに高くなります。

「未来のこと」ですから詳細に長文である必要は無く簡潔に記述すべきです。

「①自分のこと」で伝えた「軸」を持った私が「②応募機関（企業）のこと」で評価する職場に参加したら、職場にこのような効果や貢献が期待できるということを、応募者自らが伝えることに意味があります。自らの言葉で伝えた学生は実現しようとするであろうことが期待できるからです。

ここで学生が記述しがちなフレーズがあります。「貴社の一員として・・・・な経験を積み成長していきたい」などの「自分自身」へ帰存するフレーズです。これには採用側の担当者が心の中で「おいおい、我々はあなたを採用したら給与を払うんですよ！お金をもらって自分が成長するだけですか？」と感じています。組織に貢献する意思が入っていないからです。例えば自身の成長をアウトカムにするなら組織に対する将来効果を記述することが必要です。また、この箇所は、志望動機を150文字や200文字程度の少ない文字数で記述する場合は、最初に省略すべき箇所でもあります。

---

③ 未来のこと
自分が応募機関で働いたらどんな相乗効果があるかを記述する（心意気示すだけ。）

1．できるだけ簡潔に
2．自分が参加したらどう働くか

「私も貴社の一員として●●を通じて貴社の製品を一人でも多くの方に利用していただき、貴社の成長に貢献していきたい」
「私は●●職を通じて貴機関の事業を広め多くの方々を笑顔にできるよう働きたい」
「私は貴機関の仕事を通じて自身を成長させ、貴機関の社会的信用を高めるために働いていきたい」・・・

「実際に入社後の具体的就労イメージを持った学生」と評価されます

（記述例）「志望動機」「未来のこと」

例1「私自身が成長するとともに貴社の製品のブランドイメージ
　　を向上させたい」

例2「貴社のサービスの信頼を高め社会の多数の方に貴社の認知
　　度を高めたい」

例3「組織内コミュニケーションをより活性化させ、組織環境と
　　業務効率の向上に貢献したい」　　など

コラム　　— 「志望動機」のワナ —

　エントリーシートの「志望動機」欄を記入する際、「志望動機」としてどんな内容を記入すべきか、応募先企業からこと細かな指示や記入要領など示されることは通常ありません。四角い欄があり、せいぜい文字数指定があるだけです。初めて「志望動機」を記入する学生は皆、何を記入すべきかを考えさせられます。学生が辿り着く一般的な答えは応募先企業が「なぜ、あなたは私たちの会社に応募してきたのですか？」と問われていると認識します。そこで「自分はなぜこの会社に応募したか」を考えます。「合同企業説明会で会社のブースに座ったから」などと単なるきっかけは論外です。答えにはなりません。思いつく答えは、「有名企業で多数の者が応募する大企業だから」「給与水準の高い企業だから」「採用後の新人の研修制度が充実しているから」「社会的影響力が大きく安定しているから」など自分がなぜ応募しようと思ったか、その要因を記入しようとします。その場合の主語は、**「貴社は、…だから」**となります。「…」は先の要因が入ると思ってください。「志望動機」が採用のために記入するものである限り、「貴社は…」と客観的な事実関係をいくら記入して提出しても採用側の企業からは、自分たちの企業が「…」なのは知っている情報で応募者から知らされても何も役に立ちません。応募者を採用するために必要な情報ではないということです。採用側が「志望動機」で欲しい情報は「貴社は」ではなく、応募者自身の**「私は」**という情報であることを学生に説明して「志望動機」の構成の説明を開始しています。

　例えば「強み」という言葉からは出てこない内面の言葉として自身が「穏やかな性格」であると認識している者は「自分は強みがないから自己PRを記述できない」となってしまいます。そこで「社会や組織で通用する」概念で考えると「穏やかな性格」でも十分に自己PRが記述できることに気がつきます。組織で「穏やかな性格」の方の存在は「組織を安定させます。」「組織の規律性を担保できます。」「組織内外の安心や信頼性を確保できます。」といった「社会や組織に必要な内面が備わった強み」を記述することができます。

　キャリアコンサルタント資格者でもこのような深い洞察の上で学生に対応できている方はほんの一部の方に限られています。資格者というだけで安易に学生の相談に臨むことの危うさを常に感じています。学生との就活相談では、このように学生にとっては「目から鱗」の「気づき」をできる限り学生自らの言葉で見つける支援が必要です。キャリアコンサルタントにはそのための経験や深い洞察力を備えた資質が求めれています。

3.「自己PR」を書いてみよう

就活対策本では、こう書かれています

「自己PRは、あなたの「強み」を書きましょう」

皆さんは書けますか？

例年「私は自己PRが書けません」
という方が沢山います。

「強み」＝他人より秀でてること
と考えると「自己PR」が書けない人が発生します

他人より秀でてなくても、大丈夫です

【目標】
「自己PR」は、社会人基礎力をPRする。

・自分の内面が、社会人として社会や組織内で
　通用するものが備わっていること
　　　　を記述すれば大丈夫です。

「自己PR」の具体的記述

「②エピソード」から「①サマリー」の記述へ

　学生には、自己PRは、最初にエピソードから記入することを勧奨しています。学生自身のエピソードが「社会や組織に役立つもの」であることを「社会人基礎力」などの指標で「①サマリー」に記入することでサマリーの後ろに記述されるエピソードが「エビデンス（証拠）」の意味を持つようになるからです。

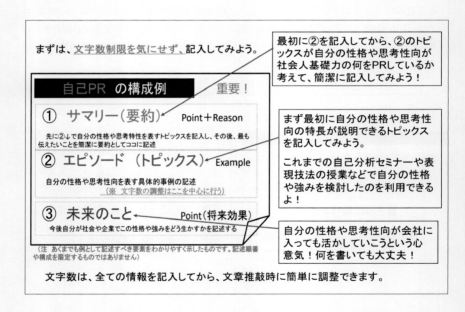

まずは、<u>文字数制限を気にせず</u>、記入してみよう。

最初に②を記入してから、②のトピックスが自分の性格や思考性向が社会人基礎力の何をPRしているか考えて、簡潔に記入してみよう！

自己PR の構成例　　重要！

① サマリー（要約）　Point＋Reason

先に②↓で自分の性格や思考特性を表すトピックスを記入し、その後、最も伝えたいことを簡潔に要約としてココに記述

まず最初に自分の性格や思考性向の特長が説明できるトピックスを記入してみよう。

これまでの自己分析セミナーや表現技法の授業などで自分の性格や強みを検討したのを利用できるよ！

② エピソード（トピックス）　Example

自分の性格や思考性向を表す具体的事例の記述
（※ 文字数の調整はここを中心に行う）

③ 未来のこと　Point（将来効果）

今後自分が社会や企業でこの性格や強みをどう生かすかを記述する

自分の性格や思考性向が会社に入っても活かしていこうという心意気！何を書いても大丈夫！

（注 あくまでも例として記述すべき要素をわかりやすく示したものです。記述順番や構成を限定するものではありません）

文字数は、全ての情報を記入してから、文章推敲時に簡単に調整できます。

　「②エピソード」の記述内容は、先の「2.　自己分析支援編」で自身が「どんな性格」かをあらわす代表的な言葉（形容詞）を見出し、自分がそう感じている実体験のエピソードを記憶から棚卸しする方法を説明しました。内面の特徴を表せばいいので「性格」でなくても「思考性向」や「行動特性」でも大丈夫です。必要なのはその際に思い出した「エピ

ソード」です。まず、自分の内面のエピソードを記述しその内容を分析して「サマリー」に簡潔に記述します。

この「サマリー」に記述する内容が「社会や組織で通用する」内面を表します。様々な指標がありますが[19]、参考にしていただきたいのが、経済産業省から2006年に出された「社会人基礎力」です。

自己PRの表現ヒント 経済産業省「社会人基礎力」	
前に踏み出す力（アクション） 一歩前に踏み出し、失敗しても粘り強く取り組む力	
主体性	物事に進んで取り組む力
働きかけ力	他人に働きかけ巻き込む力
実行力	目的を設定し確実に行動する力
考え抜く力（シンキング） 疑問を持ち、考え抜く力	
課題発見力	現状を分析し目的や課題を明らかにする力
計画力	課題解決に向けたプロセスを明らかにし準備する力
想像力	新しい価値を生み出す力
チームで働く力（チームワーク） 多様な人々とともに、目標に向かって協力する力	
発信力	自分の意見をわかりやすく伝える力
傾聴力	相手の意見を丁寧に聴く力
柔軟性	意見の違いや立場の違いを理解する力
状況把握力	自分と周囲の人々や物事との関係性を理解する力
規律性	社会のルールや人との約束を守る力
ストレスコントロール力	ストレスの発生源に対応する力

これは経済産業省という企業経営を政策面でバックアップしている省庁が企業経営者や様々な学識経験者の意見を基に社会に提言した内容です。12項目の基礎力が提示されています。「このような力を備えた若者を社会に輩出して欲しい」との意味が込められています。これは、企業経営サイドの視点で<u>「このような力を備えた若者を私たちは採用します」</u>

19　「社会人基礎力」以外にも文部科学省の「学士力」など参考になるものは多数あります。また、学生自身で社会や組織に必要な資質と考える力をオリジナルで考えアピールすることも可能です。

と捉えることができます。

　学生が企業に応募する際に自身のどのような力が求められているか指標になる大変重要な情報です[20]。

　これを指標に「自己PR」では自身の内面をあらわす「エピソード」の記述が「社会人基礎力」のどの項目に該当するかを分析します。

　この「社会人基礎力」の項目は非常に上手く作られていて、学生が記述してくる自分の内面を示すエピソードはいずれかの項目にほぼ該当します。該当しないものもあり得ますが、その場合は、企業側が求めている情報とは観点がずれている可能性があります。

（記述例）「自己PR」「サマリー」の記述
　例1「私は、自身の役割や組織課題に対し自ら課題解決の行動を
　　　起こし最後までやり抜く性格です」（主体性、実行力）
　例2「私は、自身の現状を分析し、課題があれば課題解決のプロ
　　　セスを立て着実に行動できます。」（課題発見力、計画力、実
　　　行力）
　例3「私は組織の現状を分析し改善のアイデアや発想を他者を巻
　　　き込み組織に活かすことが得意です」（課題発見力、想像力、
　　　働きかけ力）　など

　上記（記述例）で示した「サマリー」の記述は、「社会人基礎力」の「〜力」「〜性」といった表の左側に記述された項目名ではなく、主に表の右側の解説文を自身が理解している言葉にして記述しています。これが重要です。

20　経済産業省の「社会人基礎力」以外に同様に社会や組織で必要な力としてリクルートワークスの「基礎力」も参考になります。

① サマリー（要約）

先に②↓で自分の性格や思考特性を表すエピソードを記入し、その後、最も伝えたいことを簡潔に要約としてココに記述

1．できるだけ簡潔に
口頭で一言（15秒程度）で表現できることが理想：面接までを想定

2．ここだけでもPRとして成立するよう
出来るだけ「●●性」や「▲▲力」など抽象的表現を排除する

3．多少の説明不足も容認
後ろに詳細な「エピソード」が控えているから大丈夫

　「サマリー」は簡潔にそこだけ読んでも伝えたい内容が要約されて、読み手に伝わることが必要です。サマリーの記述の悪例で「私の強みは主体性です。」や「私は実行力があります。」などの例が就活対策本によく出ていますが、あまりお勧めできません。学生がどのような意味で「主体性」「実行力」を使用しているか理解できないからです。できる限り簡潔でかつ具体的イメージが抱ける記述にしておくと、面接時にもサマリー箇所に質問がされません。面接官の質問がエピソードに関係するものに集中し自身の記憶の中にある実体験エピソード情報を簡潔に応答できるので楽な面接になる可能性があります。逆に上記悪例のフレーズが面接時に学生から出た場合は、面接官は「主体性」「実行力」などをどのような意味で使用しているかを尋ねる質問をしないといけなくなります。学生にとって、その場で準備せずに応答するのが困難な場合が生じ、面接応答の難易度が高くなってしまう可能性があります。

②　エピソード

自分の性格や思考性向を表す具体的事例の記述
（※　文字数の調整はここを中心に行う）

1. できるだけ**詳細に**
あなたにしか記述できないエビデンス。まずは文字数を気にせず記述
「取り組みの目的」「内容」「実績・評価・結果」が記述できているか

2. 具体的事例を記述する
5W1Hや数字、具体的名称など、最終的に推敲時に文字数調整

3. 「①サマリー」の証拠となる
社会人基礎力など社会や組織で通用する自身の内面を表現

　「②エピソード」は、できるだけ詳しく記述する必要があります。エピソードの記述は基本的に人や組織の「取組」や「活動」を記述することになりますから、記入する要素は「取組」や「活動」を評価する際と同様です。「インプット（目的含む）」「プロセス（取組内容）」「アウトプット（実績、効果、満足度）」「アウトカム（将来効果）」です。応募書類では、通常、アウトカムは学生自身の「取組」「活動」が就職後の自身への将来効果として記述する重要な意味があります。そのため「②エピソード」に含めずに「③未来のこと」として記述することをお勧めしています。

※ エピソードの基本的な書き方
ーどんな構成で記述するべきかー

1. インプット （目的もインプットとして良い）
エピソードで記述する取組や活動のそもそもの目的を記述する
（組織目標でも自身の目的も良い）
例：「リーグ制覇を目標に野球部で活動をしていた」
「社会経験を積む目的で居酒屋でアルバイト」など

2. プロセス （取組や活動の内容）
実際の取組を詳細に記述する。詳細なほどエビデンス能力が高いエピソードになる （プロセスの中で課題や困難を乗り越えた結果は記述）

3. アウトプット （実績 評価 満足度）
↑「1. インプット」の目的に対して、どのような実績が出たか記述する
（実績が出なかった場合もどう評価、満足しているかを記述）
例：「念願のリーグ制覇を達成しました」（実績）
「お客様から「ありがとう」という言葉をいただいた」（評価）
「優勝は逃したが、すべき実力を出し切った満足感を感じた」など

「③未来のこと」の記述

　「②エピソード」の記述で「取組」や「活動」の「アウトプット（実績、効果、満足度）」まで記述しました。「③未来のこと」ではそれらの「取組」「活動」の「アウトカム（将来効果）」を記述します。自分自身の内面の特長が未来＝職場でどのように活かせるかを記述します。未来の未確定なことなので冗長に記入するよりは、短くそれでいて採用側がイメージしやすい表現で記述する必要があります。

③ 未来のこと （アウトカム）
今後自分が社会や企業でこの性格や強みをどう生かすか
を記述する

1. できるだけ簡潔に
あくまでも「未来のこと」確定事項ではないので、簡潔に記述する。

2. 自分の性格を社会や企業で役立てることをアピール
自身のこの内面「強み」が「社会人として」「企業の応募職種」等に
どう活かせると思っているかを自身の言葉で伝える。

　この記述で学生が認識している自己の内面が応募企業でどのように活かされるか、学生自身がどう自覚しているかが、採用側に伝わります。（「未来のこと」を記述していない自己PRは、「私はこういう内面の特長を持っています」だけの記述となっており、「おたくの企業で私が通用するかはおたくが考えてくれ」といった印象で採用側に受け取られる可能性があります。

　なお、この箇所は重要ですが、応募企業のエントリーシート提出文字数が少ない場合は、最初に文字数調整のために割愛が可能性です。「サマリー」と「エピソード」で「自己PR」としては成立しているからです。

（記述例）「自己PR」「未来のこと」の記述

例1「私のこの強みは、事務系総合職として社内各部門との人的
　　　ネットワークの構築を通じて社内の良好な職場環境実現に活
　　　かしたいと思います。」

例2「私のこの性格は、生産技術職として生産現場や製品開発の
　　　場での各種課題解決に活かし生産効率の向上に活かしたい。」

例3「私は自身の長所を営業職として活かし、製品の高い信頼性
　　　を多様な方々に知っていただき、貴社のブランド力を向上
　　　させる役割を果たしたい。」など

【自己PR例】　文書構成を説明するための記入事例

　私は、周囲の方々から真面目で自身の役割や責任に対し、最後まで粘り強くやり遂げる性格だとよく言われます。私は社会経験を積む目的で飲食店のホールのアルバイトをしています。自分の仕事を覚えてから新人の方の教育係を任されることがあり、研修を行うのですが同じ内容を伝えても一人一人の個性が異なり、うまく効果が出ないことが多々あります。自分の任された責任を真摯に果たすために工夫して繰り返し伝えたり、先輩や上司の方々の意見を取り入れるなど粘り強く取り組みました。店長からは私の新人の育成を評価いただき、アルバイトリーダーに抜擢していただきました。社会人としてもこの強みを活かし、自分の任された仕事に責任を持ち粘り強く取り組んでいきたいと思います。　　　　　　　　　　　　　　　　　　　　　（316文字）

【自己PR例】　文書構成を説明するための記入事例

　私は、自身の目標や課題に対し何度失敗しても諦めずに粘り強くやり通す事ができます。私は学部生時代の卒論で高いレベルのデータ抽出と新規の反応を見出すことに挑みました。前任者の研究を引き継ぐ形で研究を開始しましたが、引継ぎのデータがない状態で実験を開始せざるを得ませんでした。そのため最初は何度も失敗を繰り返しました。自身の課題を諦めないため、前任者の実験ノートを何度も読み返し検討したり、先生や先輩に助言を求めるなどをして新規の反応の開発に成功しました。また、論文を出すため水素および炭素どちらのNMRも非常に綺麗なデータが必要ですが、データに不純物が入って余計なピークが出るなどうまく測定できませんでした。それでも何度も粘り強く実験および測定をひたすら繰り返し、論文として出せる高いレベルのデータ抽出に成功しました。この自身の強みを貴社の製品開発の研究者として存分に活かしていきたいと思います。

（394文字）

3-8 「学生時代に力を入れて取り組んだこと（ガクチカ）」の構成解説

　ここでは、学生に「学生時代に力を入れて取り組んだこと（ガクチカ）」の記述がどのように構成されるかを説明し理解させます。

　「自己PR」と「ガクチカ」は記入構成の基本が全く同じです。

　先に記述しました「6.「自己PR」の構成解説」を再掲しながら「ガクチカ」に特化した内容の解説を記します。

　「ガクチカ」は、「自己PR」が「内面」の自己認識を記述するのに対して、客観的な「経験」が社会人として必要なものであるかを記述します。そのため「②エピソード」と「①サマリー（要約）」をどう関連付けるかが最も重要なポイントです。

　次項で説明します。

学チカ の構成例　　　重要！

① サマリー（要約）　Point＋Reason

先に②↓で自分の性格や思考特性を表すトピックスを記入し、その後、最も伝えたいことを簡潔に
要約としてココに記述

② エピソード （トピックス）　Example

自分の性格や思考性向を表す具体的事例の記述
（※ 文字数の調整はここを中心に行う）

③ 未来のこと　Point（将来効果）

今後自分が社会や企業でこの性格や強みをどう生かすかを記述する

(注 あくまでも例として記述すべき要素をわかりやすく示したものです。記述順番や構成を限定するものではありません)

　「②エピソード」は、できるだけ詳しく記述する必要があります。エ
ピソードの記述は基本的に人や組織の「取組」や「活動」を記述するこ
とになりますから、記入する要素は「取組」や「活動」を評価する際と
同様です。「インプット（目的含む）」「プロセス（取組内容）」「アウト
プット（実績、効果、満足度）」「アウトカム（将来効果）」です。これ
も次項で説明します[21]。

　そのため「②エピソード」と「①サマリー（要約）」をどう関連付け
るかが最も重要なポイントです。次項で説明します。

　次の「③未来のこと」はエピソードの「アウトカム（将来効果）」が
該当します。

　最終的に推敲して文字数調整する際は、詳細に記入している「②エピ
ソード」箇所がボリュームもあり、記述の調整の中心になります。

21　このエピソード記入の基本構成は、例えば学生の「研究内容」を記述する際に
　も全く同じです。（再掲）

―「自己PR」と「ガクチカ」が同じ内容になる学生 ―

経済産業省「社会人基礎力」

自己PRの表現ヒント	
前に踏み出す力(アクション)	
	一歩前に踏み出し、失敗しても粘り強く取り組む力
主体性	物事に進んで取り組む力
働きかけ力	他人に働きかけ巻き込む力
実行力	目的を設定し確実に行動する力
考え抜く力(シンキング)	疑問を持ち、考え抜く力
課題発見力	現状を分析し目的や課題を明らかにする力
計画力	課題解決に向けたプロセスを明らかにし準備する力
想像力	新しい価値を生み出す力
チームで働く力(チームワーク)	
	多様な人々とともに、目標に向かって協力する力
発信力	自分の意見をわかりやすく伝える力
傾聴力	相手の意見を丁寧に聴く力
柔軟性	意見の違いや立場の違いを理解する力
状況把握力	自分と周囲の人々や物事との関係性を理解する力
規律性	社会のルールや人との約束を守る力
ストレスコントロール力	ストレスの発生源に対応する力

「社会人基礎力」は「前に踏み出す力（アクション）」「考え抜く力（シンキング）」「チームで働く力（チームワーク）」の3つのカテゴリーで整理されています。「社会人基礎力」の表をご覧になった方は、既にお気づきかもしれませんが、上の2つのカテゴリー「前に踏み出す力（アクション）」「考え抜く力（シンキング）」と下の1つのカテゴリー「チームで働く力（チームワーク）」で少し種類が異なっています。上の2つはどちらかというと「内的」な力で「自己PR」によく使われる傾向の要素です。下の1つは組織でのコミュニケーション能力の要素で「ガクチカ」的な要素です。学生のエントリーシートで標記のように「自己PR」と「ガクチカ」のサマリーやエピソードが似通っている場合は、明確に棲み分けることができることを助言することができます。たとえば「エピソード」として「自己PR」も「ガクチカ」も野球部のエピソードを記入していても、「レギュラーになるために自身の課題である体力やスキルを磨いた」エピソードであれば「自己PR」で記述できます。また「野球部の目標であるリーグ制覇を目指して、チームの皆と様々なコミュニケーションや協力をした」エピソードであれば「ガクチカ」で記入できます。採用の場面では学生が自分という人間を多面的に採用側に知ってもらう必要があります。社会人として通用する様々な力を明確に書き分けて表現することができることを、助言してください。

4.「学生時代に頑張ったこと」(ガクチカ)を書いてみよう

【目標】

「学生時代に頑張ったこと」は、経験を通じて自身の社会人基礎力をPRする。

・ 自分の組織経験が、社会人として社会や組織で活かすことができる経験を記述すれば大丈夫です。

3-9 「学生時代に力を入れて取り組んだこと（ガクチカ）」の具体的記述

「②エピソード」の記述

　「ガクチカ」も「自己PR」と同様に「エピソード」ありきです。最初に学生自身のどのようなエピソードがあるかを過去の記憶から抽出することになります。自己PRでどちらかというと自身の「内面」的な力を記述している場合は、採用側は次に学生の「組織」や「集団」の中での状況を求めます。「組織の多様な人たちの中でこの学生は大丈夫か？」という観点です。「自己PR」と「ガクチカ」を棲み分けるとすれば組織の中でのコミュニケーション全般の力を示すエピソードが有効だと思います。「1.　自己分析編」で学生自身の過去の記憶の棚卸し作業から出したこれまでの経験の中から抽出して記述してみます。エピソードの構成は先にお伝えした「インプット」「プロセス」「アウトプット」の各要素が揃っているか確認して記述します。

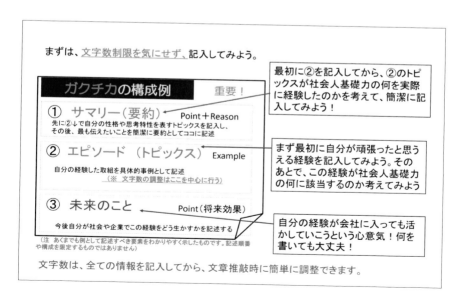

エピソードは、該当の取組が長期間の年単位のものから、短期間の数日、数週間のものや一過性のものがありますが、採用側の設問にもよりますが「学生時代に力を入れて取り組んだこと」なので、できるだけ長期間の取組を選択すべきだと考えます[22]。「自己PR」は自身の内面の長所などをあらわすエピソードでも証拠となり得ますが、「経験」そのものを評価されるので1日や1週間のエピソードよりも数か月、数年の取組がより個人を理解し評価しやすい傾向にあります。

「①サマリー」の記述

　次に学生自身のエピソードが「社会人基礎力」のどんな力をあらわしているかを考えさせ、該当項目の内容を「サマリー」として記入します。「自己PR」との大きな違いは採用側の設問が「学生時代に力を入れて取り組んだこと」なので、主体が「私」ではなく「経験」になります。つまり「私は～～です。」ではなく「ガクチカ」では「私は～～の経験から・・・」となります。

22　採用側が学生の「経験」を限定的に尋ねてくる場合は、当然その設問の趣旨に沿った期間のエピソードになります。

① サマリー（要約）

先に②↓で社会人基礎力に該当する経験をエピソードに記入し、その後、最も伝えたいことを簡潔に要約としてココに記述

1. できるだけ簡潔に

2. ここだけでも文書が成立するよう

3. 多少の説明不足も容認

（記述例）「ガクチカ」の「サマリー」の記述

例1「私は、接客販売のアルバイトで自分と周囲の関係を理解し周囲と良好なコミュニケーションを図り協働する経験を積んできました。」

例2「私は、大学体育会野球部の活動を通じて、多様な人々と組織の目標に向けて協力関係を構築することの大切さを学びました。」など

「③未来のこと」の記述

　「自己PR」と同様に「②エピソード」の記述で「取組」や「活動」の「アウトプット（実績、効果、満足度）」まで記述しました。「③未来のこと」ではそれらの「取組」「活動」の「アウトカム（将来効果）」を記述します。自分自身のこの「経験」が今後どのように活かせるかを記述します。未来の未確定なことなので冗長に記入するよりは、短くそれでいて採用側がイメージしやすい表現で簡潔に記述する必要があります。

　なお、この箇所は重要ですが、応募企業のエントリーシート提出文字数が少ない場合は、最初に文字数調整のために割愛が可能です。「サマリー」と「エピソード」で「ガクチカ」としては成立しているからです。

　学卒就職で採用側が求める応募書類（エントリーシート）の主要な3項目「志望動機」「自己PR」「ガクチカ」に記述すべき内容や記述方法についての一つの方法をここまで紹介してきました。

　一番最初に記述していますが、本来応募書類（エントリーシート）に正解はありません。学生自身が自身を表現し採用のためにアピールする記述は無限にあります。ここでの紹介は、あくまでも採用側が求める情報を的確に記述しておくことまでです。そのことを理解した後は、自由に自身のオリジナリティあふれる表現やエピソードの展開をしていただければと思います。

③ 未来のこと

今後自分が社会や企業でこの経験をどう生かすか
を記述する

1. できるだけ簡潔に

2. この経験が今後社会や企業で役立
てることをアピール

【ガクチカ例】　文書構成を説明するための記入事例

　私は、大学体育会の活動で多様な人々とともに、コミュニケーションを図り1つの目標に向かって協力することの大切さを学びました。私は、大学男子バスケットボール部の主務として部の活動スケジュールや連絡調整だけでなく、部の究極の目標であるリーグ昇格に向けて対戦大学の戦法などのデータ分析を担っていました。しかし主将や主務と各選手間でリーグ昇格への意気込みに温度差があり、試合に負けても笑っている選手がいるなどチームが1つの目標に向かえていない危機を感じました。そこでミーティングの機会を増やし課題を共有すること、先輩後輩の垣根をなくして次に活かすため各自の積極的な意見発信を提案しやすい環境作りを自ら提案し粘り強く実施しました。その結果、全員の練習姿勢が前向きになり試合でミスが減り無事昇格の目標を果たしました。この経験は、社会人としても組織で良好な協力関係を築き責任を果たしていくことに活かしたいと思います。　　　　　　　　　　　　　　　（400字）

【ガクチカ例】　文書構成を説明するための記入事例

　私は、営業のアルバイトで自ら組織の現状を分析して課題を明らかにして課題解決の行動を起こして結果を出す経験を積みました。私は、社会経験を積む目的で家電量販店のアルバイトで5年間営業に挑戦してきました。5人1チームでイベントを通じインターネット回線の契約を獲得するという責任を担いました。最初は簡単なチケット配布のみの業務でしたが、私は、自ら多くの研修を重ね、独学でクロージング技術の勉強を蓄積し商談を担える立場になりました。2年目からは多くの成約を重ねた実績を評価いただきサブリーダーに任命されました。それからは、新人研修の講師や正社員のリーダーにイベントを効率的に行うための案を進言を任されるようになりました。私が研修した新人も順調に育ち、3年目には京滋エリア年間獲得件数が6社中1位となる成績を達成しました。私はこの経験を、貴社総合職として組織内で自身と周囲の関係を理解し必要な行動に結びつけ結果を出すことに活かしたいと思います。　　　　　　　　　　　　（415字）

3-10　研究内容などの記述
―個人や組織の取組や活動をどう伝えるか―

　ここまでは、学卒求人で採用側が応募書類で求める鉄板の三項目「志望動機」「自己PR」「ガクチカ」で採用側が求める情報について、どのように学生が自己分析した自分の情報を記述すべきかを基本的な方法を述べてきました。

　次に学生が現在、大学で学んでいる専門分野や研究内容の記述についてどのような構成と情報が必要かを述べていきます。

―研究活動「取組」「活動」の記述の基本―

「研究活動」の基本記述構成

個人や組織の「取組」「活動」（当然「研究の取組」）は、以下の構成ごとに分析します。（例. 大学活動の認証評価など）この構成表題をサマリーとして付けると理想の説明文になります。

採用側が求める研究内容の記述構成

0．サマリー	Point　　起
1．インプット（背景・目的）	Reason
2．プロセス（内容）	承
3．アウトプット（実績、評価、満足度）	Example
4・アウトカム（将来効果）	Point　　結

学生の本分である研究や学んでいる専門分野の「取組」「活動」を的確に他者に伝える方法として、基本は「取組」「活動」を評価する側がどのようなカテゴリーで分析しているかを知ると応用できます。上記、「自己PR」「ガクチカ」のエピソード（取組）でも同様の構成で記述を説明しました。各項目は、基本的に文字数制限を気にせずに記述して、提出時に推敲し文字数を整えるよう指導してください。

　基本は、0.「表題やサマリー」、1.「インプット」、2.「プロセス」、3.「アウトプット」、4.「アウトカム」です。これらがその項目ごとに明確に記述されていると採用側に理解が進みます。またその構成から仕事に必要な説明能力も備わっていることが評価されます。

0. **「表題やサマリー」**：研究テーマや一言で何に取り組んでいるかを記述する箇所です。簡潔ににイメージが捉えられる表現で記述します。「表題やサマリー」は取組のアウトラインが読み手に伝わればよいので文字数を費やす必要がない箇所です。

1. **「インプット」**：導入箇所、導入経緯や取組の「目的」を記述する箇所。いきなり目的を記述することに抵抗がある者は、その前提条件である当該研究分野の現状であったり、課題の背景の説明をしてから「目的」を記述したくなりますが、そのような「教科書的・参考書的」な記述は採用書類として応募者を評価する目的ではあまり必要ではありません。前提条件や現状課題は必要最小限の説明に限定し、何を目的としているかをできるだけ短く簡潔に記述して、次の「プロセス」で日々取り組んでいる研究や専門内容を詳細に記述することになりますので、前提条件や現状課題はそれらを含めてプロセスの中で記述することができます。添削相談の現場の実態として理系学生が応募時に「研究活動」を記述する際、「インプット」

無しで「プロセス」から記述する者が非常に多いです。所属する研究室での先行研究を引き継いで研究している場合に取組ありきで深く目的を意識していない場合が考えられます。その様な記述では企業で働く場合に目的を意識せず、「単に命じられたことだけをこなす人」との印象を採用側に与える可能性があります。また、「研究」の解説として「教科書的・参考書的」な記述だけが大半を占める記述も多く見られますが、応募書類として「研究内容」を紹介するのですから学生自身が日々、行っている研究の「取組」「活動」を紹介する機会であることも意識させる必要があります。

2. 「プロセス」：実施内容、研究で取り組んでいる具体的内容の記述箇所。採用側が大学で学生が当該専門分野に真摯に対応しているかが具体的に判別できる情報です。仕事のスキルに直結するものが読み取れたり、教養や知識、判断力や計画性なども推し量ることができます。また、研究機器やソフトウエアなどを使いこなしている情報もできる限り詳細に記述すべきだと思います。

3. 「アウトプット」：取組の実績や結果、評価、満足度など取組から生み出されたものの記述箇所。就職活動の早期化でインターンシップでエントリーシートを求められる際に3年次生や修士1年次に研究や専門分野の「取組」で実績は出ていないのが普通です。実績や評価などが出ていない場合は、「どのようなアウトプットを出す予定か」で十分だと思います。研究発表や学会で評価された場合などはそれも必ず記述すべきです。学生に「研究内容」を記述させると「プロセス」で終わるものが多いです。社会人は「取組」「活動」の「実績」「結果」が求められるのが当然であることもこの「アウトプット」の記述指導の際に伝える必要があります。

4.「アウトカム」：上記この取組の将来効果の記述箇所。学生自身が自分の取り組んでいる研究や専門分野の勉強が世の中や当該学術分野、自分自身、応募先企業などにどんな効果をもたらす可能性があるのかを考え記述します。これは社会人として自身が仕事を通じて常に世の中とどのように関係しているかを意識していることに繋がります。様々なビジネスチャンスを見つける視点や新製品やサービスを企画する視点が備わっていることのアピールにもなり得るものです。学生なので、短期よりも自身の職業キャリアを通じた長期的視点での効果を記述することもできます。

「研究活動」の基本的な書き方

０．サマリー
研究内容の「表題」。簡潔に記述する

１．インプット（背景・目的を導入時に記入）
研究の背景を簡潔に、必ず目的を記述する
学術的な課題や解説は出来るだけ研究目的として記述する

２．プロセス（日常の研究の取組内容）
実際の取組を詳細に記述する。詳細なほどエビデンス能力が高い。

３．アウトプット（実績　評価　満足度）
↑「１．インプット」の目的に対して、どのような実績が出たか記述する
（実績が出なかった場合もどこまで研究する予定かを記述）

４．アウトカム（将来効果） 重要
この研究が今後、学術分野や社会、自身や応募企業などにどんな効果をもたらすか。社会とどう関わる可能性があるか。を記述

高度な専門の用語や機器名などをある程度、記述してよい

中学生にもわかるよう記述

3-11 エントリーシート添削支援の手法
―キャリアコンサルタントがすべきこと―

　大学キャリアセンターや若者就労支援の場に相談に訪れる学生等の相談主訴の代表的なものは、大きく分けて1. 就職活動のしかた、どう動けばよいか、2. 応募書類の作成方法、3. 面接対策、自己表現法の3つの相談が多数です[23]。新卒応援ハローワークなど求人紹介が主業務の場合は職業探しや応募・紹介状の発行などに加えて上記3つの相談になると思います。

　キャリアコンサルタントは、学生個々のキャリア形成に資する様々な知識を持っていますが、上記3つの対応はキャリアコンサルタント個人の力量が問われます。

キャリアコンサルタントに必要な力量

1. 読解力、作文能力

　まず、学生を指導するに足る読解力や作文能力が備わっていること。これは日常的に新聞や評論文、公文書などを読んだり、自分でも記述している経験が大きく出ます。特に大学院レベルの学生の応募書類の添削で「て」「に」「を」「は」レベルの修正意見しか添削できない者や何となく思い付きで修正意見を学生に伝えるも「なぜ」そうするべきかを論理的に説明できない者などが多数いらっしゃいます。学生が、このような資格取得しただけの応募書類支援ができないキャリアコンサルタントを見分けるのは簡単です。その方が自ら通過する可能性の高い記述がで

23　大学のキャリアセンターの学卒の「求人紹介業務」は、昨今、大手学卒求人サイトなどで求人検索しサイトを経由してエントリーすることが大多数で無料職業紹介事業として大学が企業の求人を個々の学生に紹介することはまれになっています。

きるかどうか、記述例を出せるかです。口頭だけで修正意見を感想的に伝えるだけの者は具体的記述の例示ができません。私は学生の応募書類を添削する際は、添削意見とその理由を記すだけでなく、私ならこう作成しますという修正例文を必ず記述しています。あくまでも学生本人の力で記述するのが当然ですので、その例示には、あえて学生本人の修正を加えないと完成しないよう記述して示しています。これを学生に手交する必要はありません。しかし、これを示す目的は、学生に「このキャリアコンサルタントの意見は聴くに値する」という確かな信用を得る効果を期待しているからです。

2. 洞察力・経験

　次に採用側の設問意図を読み取れる洞察力や経験が必要です。採用側は、書類選考として、学生に提出させる設問に無駄なものは記述させません。なぜなら、提出されたそれらの大量の応募書類データを自分たちが明確な意図をもって通過・不通過の評価をする必要があるからです。ひと昔前の応募書類＝手書きの履歴書の時代には、記述された字が上手かどうか、丁寧に整然と記述されているかで人物の人柄までを推測して面接に呼ぶかを決めていた採用担当者もいましたが、応募書類もデジタル化され、文字が綺麗かどうかで人物評価できなくなりました。

　キャリアコンサルタントには、採用側が応募書類の設問を通じて、学生の何を知りたいと思っているのかを洞察しその内容を適切に記述させる支援が求められます。また単に設問に答える記述だけだと採用に必要な情報が不足している場合があります。この典型的な一例は、「学生時代に頑張ったこと」の設問に対し、サマリーが「私が学生時代に頑張ったことは、野球部での活動です」と記述している例です。これは設問に答えていますが、採用に必要な情報を全く伝えていない典型です。採用担当者として欲しい情報は次の例の様に採用に必要な情報が記されてい

るサマリーです。「私は学生時代に野球での活動を通じて組織の目標に対して多様な人々と協力関係を築き努力する経験を積みました」です。

　このように設問が当該学生を採用するために必要な何を記述させようとしているかを洞察して、学生にそのことを気づかせ、学生の経験から適切な言葉を一緒に考え、紡ぎだす支援が求められます。

　前項までの、応募書類記述上の構成や構成ごとの内容の理解は、これらキャリアコンサルに必要な1、2の力量が備わってはじめて、適切な応募書類作成支援ができると考えます。

1.「志望動機」添削事例（インターン応募の例）

（注）これはサンプルです。実際に学生から提出されたものではありません。

①学生からの提出時点

　私が志望する理由は、貴社で働く未来を明確にし、SIerとしてシステムの提案や導入を行いお客様のサポートができる業務に携わるという自身の就活の軸と貴社が一致するからです。私は小学生のころから親のPCをゲーム感覚で使用していた経験からシステムやITに興味があります。そのため情報系の学部に進学することを決意しました。入学してからもこのITに関する興味はさらに増し意欲的に学習を行ってきました。国内最大手のSIerで「世界のグローバル企業トップ10を目指す」という目標を宣言し、ここ10年で25社と協定を結び海外展開を図る貴社が、世界で多様な顧客を相手に最適なソリューションを提供していることに感銘を受けました。本インターンシップではその実際の業務を肌で体験したいと考えます。さらに、顧客を相手に業務を行う社員の方とレベルの高い学生の中で自分の欠けている能力を探索し、改善したいと考えます。

（382字）

②事前作業　キャリアコンサルタントが①を色分けし分析

　私が志望する理由は、貴社で働く未来を明確にし、SIerとしてシステムの提案や導入を行いお客様のサポートができる業務に携わるという自身の就活の軸と貴社が一致するからです。私は小学生のころから親のPCをゲーム感覚で使用していた経験からシステムやITに興味があります。そのため情報系の学部に進学することを決意しました。入学してからもこのITに関する興味はさらに増し意欲的に学習を行ってきました。国内最大手のSIerで「世界のグローバル企業トップ10を目指す」という目標を宣言し、ここ10年で25社と協定を結び海外展開を図る貴社が、世界

で多様な顧客を相手に最適なソリューションを提供していることに感銘を受けました。本インターンシップではその実際の業務を肌で体験したいと考えます。さらに、顧客を相手に業務を行う社員の方とレベルの高い学生の中で自分の欠けている能力を探索し、改善したいと考えます。

（375字）

③**面談時に提示し学生に説明　□の中にキャリアコンサルタントの所感と添削例を記述し手交**

（所感）
・「自分のこと」（就職の軸）は簡潔に、自分の過去の経験は記述するとしても必要最小限にすべきだと思います。その分「企業のこと」の記述が少な過ぎます。
・「企業のこと」のデータが少なく、企業認識が甘い印象を持たれると感じます。日経テレコンで業界の状況や記事検索で企業の記事から興味を持った内容を自身の評価を入れて積極的に記述すべきです。

（添削参考例示）
　私は、幼少期からITの可能性に興味を持ち専門性を学んだ知識を広く仕事を通じて多くの人々に活かしたいと考えSierとして社会課題に貢献したいと思っています。貴社でSierとしてシステムの提案や導入を行いお客様のサポートができる業務は正に自身の就活の軸と一致しています。特に国内最大手のSierで「世界のグローバル企業トップ10を目指す」という目標を宣言し、ここ10年で25社と協定を結び海外展開を図る貴社が、世界で多様な顧客を相手に最適なソリューションを提供していることに感銘と誇りを感じます。貴社の技術力を母体としたITの可能性を活かしたグローバル展開は、今後世界中の様々な社会課題に対応できるだけでなく、広い視野で社会を理解しSierとしての経験を蓄積して成長するのに最適な環境だと考えています。本インターンシップでは社員様の実際の業務を肌で体験し、理解を深めるとともに自分がどのように貴社で貢献できるか掴む機会にしたいと思います。（396文字）

---

2. 「自己PR」添削事例

（注）これはサンプルです。実際に学生から提出されたものではありません。

①学生からの提出時点

　私の強みは責任感が強く、目標に向けて最後までやり抜けることです。部員数約120名の学芸部では会計に立候補し、幹部の立場から天文部を支えてきました。これまで部費の管理をしてきましたが、毎年引継ぎ時にプラスマイナス問わず誤差が生じていることに危機感を持ちました。誤差の金額は百円から万円単位と幅広く、このままではいけないと感じた私は必ず誤差がない状態で次の代に引き継ぐと決めました。そこで会計の基本的な指針をまとめ、具体的には部費に動きがあった際は他の幹部と共有することを挙げました。これは部費に関する裁量が会計1人だけにあることが原因の一つだと考えたためです。また代によってバラバラだった収支合わせの頻度を月に一回行うことを明示しました。私が会計を担ってからこれらを実施してきた結果、現時点で部費の誤差はありません。社会人としてもこの強みを活かし、困難な課題に対して粘り強く取り組むことができます。（396文字）

②事前作業　キャリアコンサルタントが①を色分けし分析

　私の強みは責任感が強く、目標に向けて最後までやり抜けることです。部員数約120名の学芸部では会計に立候補し、幹部の立場から天文部を支えてきました。これまで部費の管理をしてきましたが、毎年引継ぎ時にプラスマイナス問わず誤差が生じていることに危機感を持ちました。誤差の金額は百円から万円単位と幅広く、このままではいけないと感じた私は必ず誤差がない状態で次の代に引き継ぐと決めました。そこで会計の基本的な指針をまとめ、具体的には部費に動きがあった際は他の幹部と共有することを挙げました。これは部費に関する裁量が会計1人だ

けにあることが原因の一つだと考えたためです。また代によってバラバラだった収支合わせの頻度を月に一回行うことを明示しました。私が会計を担ってからこれらを実施してきた結果、現時点で部費の誤差はありません。社会人としてもこの強みを活かし、困難な課題に対して粘り強く取り組むことができます。（396文字）

③**面談時に提示し学生に説明　□の中にキャリアコンサルタントの所感と添削例を記述し手交**

（所感）
文書構成や作文は秀逸です。課題は多数の応募者からセレクトされるために、どうアピールするかだと思います。より効果を高めるために
・サマリーを「組織で必要な」表現にする
・エピソードでの取組の難易度を記述する
・アウトカムを「組織に活かす」方向で記述する　余地があると感じます。
　そのことを念頭に修正例の意見を記述してみます。

（添削参考例示）
　私は責任感が強く自身が担った役割を全力で果たし、組織に貢献できる性格です。私は大学学芸部の幹部として部員約120名の会計責任者に自ら立候補し運営を支えてきました。長年にわたり部費予算管理は、煩雑で毎年引継ぎ時に収支に誤差が生じており、収支の誤差は最大数万円単位の場合もあり、組織自体の信頼性を損なう危機感を強く感じていました。私は組織の予算管理をあるべき姿に改善し完璧な状態で次代幹部に引き継ぐと決めました。そこで不透明な会計処理を根絶するため、従前、会計1名で行っていた予算収支の裁量を全幹部で共有し、収支合わせの頻度を月一回厳格に実施するなど、基本的な会計指針をまとめ、周囲を説得して、粘り強く実行に移しました。これらを実行した効果で、私が会計責任者に就任して以降、部費予算の収支誤差を根絶しました。これからも常に自身の役割や責任を考え、組織の困難な課題にも粘り強く取り組んでいきたいと思います。

（398文字）

3.「ガクチカ」添削事例

（注）これはサンプルです。実際に学生から提出されたものではありません。

①学生からの提出時点

　学祭組織委員会で、所属する部署60人を取り仕切る装飾リーダーの1人を務め、作業参加率を大幅に高め作業日数を減少させた。我々の部署は学祭実施に向けて装飾物作成作業をしているのだが、遊びに参加する学生は多い一方で作業に参加する学生が少ないことが代々の問題であった。また、作業参加率の低さ故に作業日数増加を余儀なくされ、リーダーの負担は増す一方だった。そこで、作業参加率の低さは作業が単に仕事をするだけで辛いものだという先入観を抱いている学生が多いことだと考え、「〇〇作業」を実施した。白黒作業や緑作業、カチューシャ作業のように作業のテーマを決めて行うことで作業の中に"楽しみ"の要素が加わり、作業の堅苦しいイメージの改善を図った。その結果、作業に参加する学生が増え、以前は2か月間で40日あった作業日数を23日にまで減らすことに成功した。ここから、自ら働きかけることで組織の改善や成長につながることを学んだ。（399文字）

②事前作業　キャリアコンサルタントが①を色分けし分析

　学祭組織委員会で、所属する部署60人を取り仕切る装飾リーダーの1人を務め、作業参加率を大幅に高め作業日数を減少させた。我々の部署は学祭実施に向けて装飾物作成作業をしているのだが、遊びに参加する学生は多い一方で作業に参加する学生が少ないことが代々の問題であった。また、作業参加率の低さ故に作業日数増加を余儀なくされ、リーダーの負担は増す一方だった。そこで、作業参加率の低さは作業が単に仕事をするだけで辛いものだという先入観を抱いている学生が多いことだと考え、「〇〇作業」を実施した。白黒作業や緑作業、カチューシャ作

業のように作業のテーマを決めて行うことで作業の中に"楽しみ"の要素が加わり、作業の堅苦しいイメージの改善を図った。その結果、作業に参加する学生が増え、以前は2か月間で40日あった作業日数を23日にまで減らすことに成功した。ここから、自ら働きかけることで組織の改善や成長につながることを学んだ。（398文字）

③**面談時に提示し学生に説明**　□の中にキャリアコンサルタントの所感と添削例を記述し手交

（所感）

・「である」調×　出来る限り「ですます」調○で記述しましょう

・「サマリー」が成立していません。「作業参加率を大幅に高め作業日数を減少させた」はエピソードの実績（アウトプット）です。この文書で伝えたい結論の要約がサマリーです。

・「エピソード」の取組の<u>インプット（目的）</u>が記述されていない。

（添削参考例示）

　私は、学祭組織委員会で装飾リーダーの責任を果たした経験から自ら働きかけ組織の改善や成長につなげることを学びました。<u>私は、学祭実施に向けて部署のリーダーとして学内装飾物を期限までに完成させる責任を担</u>いました。メンバーは60名と多数いますが作業に参加する学生が少ないことが課題でした。作業参加率が低いことで作業日数も増加し、リーダーの負担は増加するばかりでした。私は、作業が単調で辛いものだという先入観を抱いている学生が多いことを分析し、改善意見を集約し作業にテーマを付して「○○作業」と目的ややりがいを決めて行う"楽しみ"の要素を加え、作業の堅苦しいイメージの払拭を指示しました。その結果、主体的に作業に参加する学生が増え、以前は2か月間で40日あった作業日数を23日にまで減らし完成させ、大幅な効率化を達成しました。この経験は今後、業務の現状を分析し課題解決ために働きかける行動として活かしたいと思います。（400文字）

4.「研究内容」添削事例

（注）これはサンプルです。実際に学生から提出されたものではありません。

①学生からの提出時点

　○○○○○○○と呼ばれる装置における気泡の崩壊が機器に及ぼす影響について、数値シミュレーションを用いて調査しています。○○○○○○○は、陽子ビームを水銀ターゲット容器に照射することで、水銀から中性子を取り出す装置です。水銀に陽子ビームを照射すると気泡が発生・崩壊し、その際に衝撃波が生じることで、ターゲット容器の壁面損傷を引き起こします。現在、実験施設において、水銀ターゲット容器に予め▲▲▲▲気泡を注入し、損傷を低減する試みがなされています。▲▲▲▲気泡は損傷の低減に役立つ一方で、崩壊時に衝撃波などが発生します。そこで私はさらなる損傷低減の為に解析プログラムを作成し、▲▲▲▲気泡の運動について調査しています。将来的には私の研究により、機器寿命の延長や陽子ビームの高出力化の実現に繋がります。そして、医薬品などの開発に不可欠である中性子を安定的に取り出せるようになることが期待されます。（395字）

②事前作業　キャリアコンサルタントが①を色分けし分析

　○○○○○○○と呼ばれる装置における気泡の崩壊が機器に及ぼす影響について、数値シミュレーションを用いて調査しています。○○○○○○○は、陽子ビームを水銀ターゲット容器に照射することで、水銀から中性子を取り出す装置です。水銀に陽子ビームを照射すると気泡が発生・崩壊し、その際に衝撃波が生じることで、ターゲット容器の壁面損傷を引き起こします。現在、実験施設において、水銀ターゲット容器に予め▲▲▲▲気泡を注入し、損傷を低減する試みがなされています。▲▲▲▲気泡は損傷の低減に役立つ一方で、崩壊時に衝撃波などが発生し

ます。そこで私はさらなる損傷低減の為に解析プログラムを作成し、▲▲▲▲気泡の運動について調査しています。将来的には私の研究により、機器寿命の延長や陽子ビームの高出力化の実現に繋がります。そして、医薬品などの開発に不可欠である中性子を安定的に取り出せるようになることが期待されます。（395字）

③面談時に提示し説明　□の中にキャリアコンサルタントの所感と添削例を記述し手交

（所感）

　黒字箇所は、あなたを採用する参考としてあなたが取り組んでいる内容ではなく、参考書的な研究の解説箇所です。採用のために「あなたが取り組んでいる」研究内容を記述することを意識すると効率よく記述できます。特に網掛け箇所の「水銀に陽子ビームを照射すると気泡が発生・崩壊し、その際に衝撃波が生じることで、ターゲット容器の壁面損傷を引き起こします。現在、実験施設において、水銀ターゲット容器に予め▲▲▲▲気泡を注入し、損傷を低減する試みがなされています。」を自身の取組として組み込み記述できる可能性があります。

（添削参考例示）

　私は、○○○○○○○と呼ばれる装置における気泡の崩壊が機器に及ぼす影響について、数値シミュレーションを用いて研究しています。

　私は、水銀に陽子ビームを照射すると気泡が発生・崩壊し、その際に衝撃波が生じることで、ターゲット容器の壁面損傷を引き起こす課題に対し、これまでは実験施設において、水銀ターゲット容器に予め▲▲▲▲気泡を注入し、損傷を低減する試みをより効果的にするため、崩壊時に発生する衝撃波をより低減させることに挑戦しています。具体的には、損傷低減の為の解析プログラムを作成し、▲▲▲▲気泡の運動についてシュミレーション解析を続け、分析しています。将来的には私の研究により、機器寿命の延長や陽子ビームの高出力化の実現に繋がります。そして、医薬品などの開発に不可欠である中性子を安定的に取り出せるようになることが期待されます。（363文字）

3. エントリーシート作成支援編　まとめ

－キャリアコンサルタントに必要な知識とスキル－
〇「エントリーシート作成」のための支援
　①「エントリーシート」には正解がない。ただし採用側がその設問で
　　求めている意図を理解して作成しないと通過しないことを学生
　　に明確に説明できること
　②文字数制限にこだわらず作成し、指定文字数に推敲させる
　③社会人基礎力が「サマリー」のヒントになること
　④学生が取組や活動を「エピソード」や「専門・研究内容」に記述
　　する際に「インプット」「プロセス」「アウトプット」を意識させること
　⑤取組の「アウトカム」が採用側の高い評価につながること

4

採用面接の実践指導編

　前編まで、学生が「企業を選択するために必要な自己理解」から「その内容をエントリーシートにどう記述していくか」について、考え方やどう支援するべきかを記述してきました。

　本編では就職活動で最も重要な採用面接のスキルを「どのように学生に導入し、効果を出すか」の指導法について記述したいと思います。

　私が大学で「面接対策セミナー」を開催する際、最初に学生に参加目的を尋ねます。学生からは、概ね以下の目的であるとの回答が返ってきます。

　①未体験なので面接のマナーなどを知りたい

　②面接でどう答えたら採用されるのか、応答方法を知りたい

　③面接が苦手なので練習をして対策したい

　いずれの回答も、未経験や不慣れな「採用面接」にどう対応すべきか

自分の不安を払拭させるためであることがわかります。

　未知な不安は、「経験」で払拭することができます。面接練習だけは
やればやるほど確実に上達します。「慣れ」の効果が大きいからです。
そのことを私はセミナーの最初に伝えるようにし、学生のモチベーショ
ンを高めます。

メニュー

1．面接実践の前に知っておきたい大切なこと

2．印象：メラビアンの法則

3．面接マナーを知ろう！

4．二択に挑戦！

5．面接で応答準備できる質問

6．面接での人物評価の手法

7．応答の練習をしてみよう！

8．採用面接の本番までにしておくこと

4-1　面接での質問に答えるべき「正解」がある のか？―面接の目的―

　最初に面接でのマナーや応答練習の前に最も大切な上記質問をしてい
ます。この回答を学生が理解しないと、学生は面接に対する「不安」を
払拭するために事前にあらゆる想定質問に対して答えを準備して暗記し
て面接に臨もうとするからです。

面接実践の前に知っておきたい大切なこと

「採用面接」について、沢山の人が誤解しています

質問1
　面接では、面接官からの質問に答えるべき
　「正解」があるのですか？

質問2
　面接官は、面接であなたの何を判断している
　と思いますか？

質問3
　面接練習をする目的は何ですか？

　面接質問に対してこれを答えたら「採用」答えられなかったら「不採用」という「正解」があるか？

　これは面接について対策する上で最も大事なポイントですのでセミナーの最初に学生に考えさせ、意識づけをしています。

　ここで私は、学生の前に椅子を1つ出してそこに座り、私を面接してもらい実際のケースを疑似体験してもらっています。正面に座っている学生を3名指名し、以下の指示をします。

「今から私を面接してもらいます。皆さんが面接官です。」
「指名した3名には面接官役として同じ質問をそれぞれからしてもらいます。」
「私は、同じ3回の質問に対して、それぞれ別の人3人を演じて応答します。」
「皆さんはその3人のうち、どの人を採用しようと思ったかを判定してください。」

次に面接官役の3名の学生に質問を伝えます。少し知識が必要な質問にする必要があるので、以下の質問を使っています。

> 「TPP環太平洋パートナーシップ経済連携協定についてどう思いますか？」
> 「長いので「TPPについてどう思いますか？」で結構です。」

以下、同じ質問に対して、以下のように3人を演じ分けて学生に評価してもらいます。

> 学生①　「TPPについて、どう思いますか？」
> 私　①　無表情に機械的に抑揚のない口調で一本調子に「私は日本政府に有利な協定になったと思います。当初日本は参加にネガティブで、アメリカから参加を強要された形で参加した経緯がありますが、逆にトランプ政権となりアメリカが離脱する事態となりました。結果として全加盟国の中で最も経済規模が大きい日本がリーダー的役割を果たせる可能性が出たので日本に有利な協定になったと思います。」[24]

24　答えの内容が正しいかは不問としてください。面接に必ずしも「正解」を求められていない事例を示すのが本意です。無表情で機械的な一本調子で暗記した内容を読み上げるような面接の応答を再現している例として捉えてください。

学生②　「TPPについて、どう思いますか？」

私　②　表情豊かに、明朗な感じで「突然の質問ですので、少し考えるお時間は頂戴できますか？」

学生②　「どうぞ」

私　②　「ありがとうございます。」数秒考えてから、「大変申し訳ありません。今の私にはきちんとしたお答えをするだけの専門的知識がありません。」と明朗に毅然と答える。

学生③　「TPPについて、どう思いますか？」

私　③　暗い表情で、答えずに無言で考える。・・・30秒ほど「結果として日本に有利な協定になったと思います。」だけを淡々と答える。

　ここで、学生に以下の質問をして、①～③の誰を採用しようと思ったか尋ねます。

「皆さんが面接官だとしたら、私が演じた3名の誰を採用しますか？挙手で答えてください。」

①～③を順に挙手させます。

ほとんどすべての学生が②を採用しようと思った、と挙手で示します。

そこで具体的な評価を学生に尋ねます。

「①の人はどんな人でしたか？」「③の人はどんな人でしたか？」「なぜ②を採用しようと思ったのですか？」

127

ここで学生は面接の質問の「答え」で採用を判定していないことを理解します。

　そうです面接は「人物評価」の目的で実施されています。学生が正解を答えられるかを試す場ではないのです。当然、大学生として仕事に必要な常識や教養が備わっていることは当たり前ですが、知識を確認するというよりも、人柄など「どんな人物か」を判別するのが面接の一番の目的であるということです。質問に対して「わかりません」と答えることでも、その非言語情報の印象によっては、人物評価として「率直だ」「真面目だ」という評価を受けることができます[25]。

　最初に学生に上記経験をさせ、「人物評価」としての面接の役割を理解させてから、面接に対する心構えなどに移行します。

質問1：
**　面接では、面接官からの質問に答えるべき「正解」があるのですか？**

（あなたは、あらゆる質問への応答を準備できますか？）

〇面接は、あくまでも「人物評価」。あなたが、どんな人かを判別するのが目的です。

「質問」に対する「答え」によって、採否を決めているのではありません。

※　質問への答えが100点満点でも、無表情だったり、何を考えているかわからない人、信用できそうにない人など、「得体が知れない人」とは一緒に仕事することは、できません。
表情や姿勢、マナーも含めて、非言語情報もあなたを評価するのに使われます。

25　例えば、単に「知りません」と応答するだけでなく、人物評価の場として、アピールすることもできます。「現在はこの件に関して専門的知識がないので、責任ある答えはできませんが、社会人としてきちんと答えられるようになりたいので、次に同じ質問をいただいた際には明確に応答できるようにしておきたいと思います！」など

4-2 面接官はあなたの何を判断しているのでしょうか？

次に、

> 「面接官はあなたの何を判断しているのでしょうか？」

という質問を学生に行い、考えさせます。これは巷の就活マニュアル本など面接対策本でも行きつく内容です。学生から様々な答えを出させた後、以下の2点に集約されることを説明します。

学生に向けて「皆さんが今、答えてくれたように、採用時の面接での判断は、最終的に

①「この人が自分たちの組織で他者と上手くやっていけるか？」

②「この人に仕事を任せられるか？」

の2点になります。この①②で大丈夫だと判断すれば、面接に通過する可能性が出てきます。」と説明します。

この説明の後に

> 「①で大丈夫だと面接官が思うのは、どんな人でしょうか？」

と学生に考えさせます。学生からは様々な答えが出ますが、最終的には「コミュニケーションの取れる人」や「人への配慮ができそうな人」などに辿り着きます。つまり一般的に組織内で多様な人と良好な関係を築ける「いい人です」。

②は「仕事の能力だけでなく、真面目な人柄や責任感なども感じさせられる人」などだと説明しています。

○採用面接で面接官が観て判断しているのは、
あなたが

① 「組織で仲間とうまくやっていけるか？」

② 「仕事を任せられるか？」

の2点

※ 様々な質問への応答態度や反応、性格、コミュニケーション能力などを主観的に判断しています。

　一般的に採用面接を複数回実施する際に1次面接と2次面接で何が違うか？

　面接を受ける側（学生）は同じ人です。面接をする側が変化します。1次面接では多数の応募者から「絞る」目的で実施する意味もあります。若手社員や人事担当者が面接官を担うことが多いイメージです。もっぱら①「この人が自分たちの組織で上手くやっていける人か？」を判定する比重が高くなります。一方、2次面接は、面接官が管理職的な方になっていきます。1次を通過した「いい人」を部下を持つ立場で「仕事を任せられるか」を判定する「能力」や「責任感」などの観点の比重が高くなります。例えば、営業職を採用するケースで1次面接を人事や若手が担い通過した学生を2次面接で部下を持つ立場の営業課長が面接官を担当する場合、面接している学生の人物評価として「1次面接を通過した確かに「いい人」だけど、営業職としては、うちの営業先のクライア

　「皆さんの二択判断は全て正解です。」「皆さんは、ベテランの面接官が感じる印象判断と全く同じ価値観を持っています。自分の価値観を信じてください。このことは面接練習をすればするほど上達するということです。なぜならば、この二択印象上の自身の改善点になるからです。」「たとえば、自分の前に鏡を置いて、面接を想定して「志望動機」を練習で話してみましょう。」「鏡に映っている自分の顔が「無表情」だったら、どう改善すればいいですか？皆さんは「笑顔」の方がより採用されやすいことを知っています。」「自分の声が「小さい」と感じたら、「大きく」すれば、より採用されやすいということです。大きな声の方がよりコミュニケーションを取りやすいのは自明です。」「この表が自身の印象に係るチェックリストと改善点の役割を果たしてくれます。」

　このように面接での自身の印象は、自分でも改善していけることを学生に説明します。

4-6　面接のマナーについて

　ここからは、面接のマナーについてです。ただし、私はマナーの専門家でもマナー講師でもありません。面接官として多数の方の採用面接を実施してきましたが、マナーを理由に採否を判断したことはほぼ皆無でした。当然「人物評価」として人物の印象や社会人として必要最小限の常識を確認する意味でマナーを観ますし、人物評価に印象上で影響したと思いますが、それ以上の位置づけでは考えなかったです。何故か、面接での必要最小限の入退室マナーや挨拶は社会人として備わっていて当

然で、仮に備わっていない者やお辞儀を緊張で忘失した者がいても、それがその人の本質ではないからです。人物評価を見極める以前のことで訓練すれば、いくらでも身に着けることができる要素だからです。

　決してマナーを軽んじているわけではありません。トータルで人物を見極める際の人物印象の一要素であるとの位置づけで考えています。

面接マナーを知ろう！

・服装や持ち物：清潔な印象と必要なもの事前準備
・訪問時間：余裕をもって到着すること
・受付での挨拶・声かけ：こちらから積極的に
・待合室：観られている意識を
・面接室への入退室：一緒にやりましょう！
　　（日頃から自室でのイメージトレーニングを！）
・面接時の姿勢・態度：非言語情報の重要性を認識

　そのため、面接マナーを伝える際も特別の対人ホスピタリティが求められる職業に就く者以外は専門的なマナーは面接でそれほど必要はなく、いたって常識的なマナーを身につけていれば十分だと伝えています。大学によっては、専門のマナー講師に面接マナーのセミナーを任せておられるところもありますが、学生によっては面接対策をマナーを正確に実行することに重点を置く者が出てしまうので、専門のマナー講師が教えるレベルは必要なく、通常の採用面接では一般人が普通に常識を伝えるレベルで対応可能と考えます。

　とはいえ、学生にとって一生の間に社会人マナーを人から教わる機会は、この就職活動の時期しかない場合もありますので、その貴重な機会として、最低限のことは身に着けていただく方向では伝えています。

4-7 面接マナー「1つの動作だけを確実に行う」、「言葉が先、動作は後」

　私は、入退室を含め、オフィシャルなマナーで「1つの動作を確実に行う」ことと挨拶などでは、「言葉が先、動作は後」を最初に伝えています。

入退室のマナー
―面接の流れ―

オフィシャルのマナーの基本

1.「1つの動作だけ確実に行う」
（2つの事を同時にしない！）

2.「言葉が先、動作は後」

　具体的な例示として自分で実演し、「声での挨拶とお辞儀を同時行った場合」と「声での挨拶を確実に行った後にお辞儀をしっかり行う場合」を観てもらっています。

　入退室でもノックしてドアを開け、体を入れ、ドアを閉め、ドアの前で面接官に向き声出し「失礼します」、15度の会釈までを1つずつ実演しています。

　ここでこのマナーでないと採用にならない訳ではないこと、常識の範囲で自由に自分を表現してよいことを必ず伝えています。例えばノックは3回と教えていますが、面接官をしていて2回でも3回でも「どちらでもいい」とずっと思っていました。そんなところは面接の本質ではない

からです。ですから私は「ノックは3回しましょう！」とは絶対に言い
ません[27]。「2、3回ノックして入室しましょう」でいいと思っています。

●入室から面接開始まで

1. ドアの前でノック3回（「失礼します」は言っても言わなくても良い。）
2. 入室する
3. ドアを閉める
4. ドアの前で振り返り、面接官の方を向く
5. 「失礼します」（元気よく）その後お辞儀(15°の会釈)
6. 面接官から席への指示、「ハイ」と応答し椅子に向かう
7. 椅子の角に立ち、所属、氏名を名乗る(笑顔で)
   「大阪府立大学から参りました○○○○です。
   　よろしくお願いします」
8. お辞儀(15°の会釈)、着席 (浅めに座る　背もたれは使わない)
9. 　　　　　　　　(面接が開始される)

　ドアを開け、身体を入室させ、ドアを閉めます。確実に1つずつやり
ます。

　ドアの前で室内で座っている面接官に正対し「失礼します」（15°のお
辞儀（会釈））の挨拶とお辞儀をします。

　学生が面接室に入室し「失礼します」と伝えているので、面接官側か
ら学生に指示があります。「こちらの椅子におかけ下さい」など面接席
への誘導等があります。これには「はい。」と指示が聞こえていること

27　以前短大のキャリアセンターでマナー講師を招いて入退室マナーのセミナーを開
　　催されていた際に講師の方が「ノックは3回。2回のノックはトイレノックで相手に
　　失礼にあたります」と指導されているのを聴いて疑問に感じました。「2回はトイレ
　　ノック」だから失礼でしょうか？普通に2回ノックして入室して失礼だから不採用に
　　なる人がいるのでしょうか？実際に採用している面接官がそのように感じていないこ
　　とを学生に刷り込んでしまう典型だと感じます。

への返事をして椅子に移動します。

　椅子の横まで歩き、いきなり座るのではなく一声かける必要があります。「失礼します」でもいいですが、できれば面接ですので自身の名前や所属を簡潔に伝えるのも良いと思います。「●●大学▲▲学部の○○○○です。本日はよろしくお願いします。」（15°のお辞儀（会釈））。そして着席します。通常は、着席して面接が開始されます。

　それでは、面接終了後の退室です。

　一定時間の面接質疑応答が終了すれば、面接官から面接終了のアナウンスがあります。「以上で面接を終了します。今日の結果は○○の方法で通知します」など。

　このアナウンスがあれば、退室のために立ち上がり、自身が座っていた椅子の横に立ち面接のお礼を告げて退室します。

　「本日は、ありがとうございました。」（45°のお辞儀（最敬礼）。その後、出口ドアに向かって歩き、ドアの前で振り返り「失礼します」（15°のお辞儀（会釈））。その後ドアをあけて退出します。ここまでで入退室の一連のマナーは終了です。

●面接終了から退室まで

10.　　　　　(面接終了)
11.　　　面接官「面接を終了します」
12. 椅子の角に立ち上がり、お礼を伝える(笑顔で)
　　「本日は、ありがとうございました」
13. お辞儀(45°の最敬礼)
14. 出口に向かって歩き、ドアの前で振り返る
15. 「失礼します」(元気よく)その後お辞儀(15°の会釈)
16. ドアを開け、退室する

入退室は、簡単なマナーです。しかし、面接の場で、入室して着席するまでの一連の動きで「人物評価」としての第一印象が決まりますので、とても重要です。一連の流れで、笑顔で相手との良好な関係を築く配慮が備わっている人物か、動きに不慣れな不自然なことが無く、この程度のことは普通にこなすことができ、社会人として挨拶や礼儀の常識が備わっている人物か、が印象付けられます。まさに「信頼できる人物」の印象が構築されます。

　面接官が面接の場で学生の身体全体の「動き」を確認できるのは入退室のタイミングだけです。例えば、私は面接官として、洗練された一連の動きを観て「仕事ができそうな人」だと感じたり、逆にギクシャクした様子から「社会人として未熟な人」、「大雑把な性格の人」、「細かな配慮ができない人」だと感じたりしました。採用するに当たっての印象上の大切な要素を見極める機会です。自分という人間を正当に人物評価してもらうためにも、社会人として当たり前のマナーを当たり前に堂々とできるように、不慣れな方は、面接という大事な機会を前にイメージトレーニングをして慣れておくことは最低限必要だと考えます。

4-8　面接での人物評価の手法

　面接の場で面接官は、学生に様々な質問を投げかけて、学生をどのように人物評価しているか。私は、学生にこのことを説明するのに以下の質問をします。

> 「ある人が、面接予定日に面接場所に行き、面接の場面で面接官から「志望動機を聞かせてください」や「自己PRをお願いします」といった定例の質問に対して「まさかその質問をされるとは思わなかった！」と驚く人はいるでしょうか？」

学生は皆、首を横に振って「そんな人はいない」と答えます。

事実そうです。皆そのような質問がされるだろうと思って、心積もりをして面接を受けています。・・・ということは、そのような質問に対して、皆が「事前に応答準備をして、応答を事前に暗記するなどして面接を受けている。」ということです。

特に「志望動機」「自己PR」「ガクチカ」といった事前にエントリーシートに記述させられている設問は面接で質問されることを想定し、回答を準備したり暗記するなどして面接を受けています。

ここで学生に本来の面接の目的を再度確認させます。

> 「面接の目的は「人物評価」です。面接を受けている人が「どんな人」か、を見極めるのが目的です。」それでは、暗記した内容をただ話している人を人物評価できるでしょうか？

採用側は、たとえ応答内容が完璧であっても、暗記した内容を話しているだけの人を採用する判断を普通はしません。

> では、面接の場面で「志望動機」「自己PR」など事前に準備できる質問に面接者が応答している時に面接官は何を判断しているのでしょうか？

143

　当然、人物評価ですから面接者の応答内容を聴き、その様子を観察し印象を確認しています。その時に面接官が行っていることは、頭の中で現在の面接者の応答から質問できる箇所を一生懸命に探す作業です。そして、面接者が話し終わったら、応答に関連した質問をしてきます。

　ここで学生に尋ねます。

「皆さんが定例の質問に準備して応答した後に面接官から出される
　この質問は、事前に予想したり、準備して応答できるでしょうか?」

学生は想像して「準備して応答できない」と気がつきます。想定の範囲の場合もありますが、基本的にはどんな質問が出されるかは、予想できません。そのため面接者は、予想できないその質問に対して「今」聞いて。「今」考えて、「今」答える状態になります。この準備できない質問への応答から本格的に面接官が「人物評価」している段階に入ります。

4-9 面接では、質問に対しどれくらいの尺（長さ）の応答をすべきか？

ここで大切な質問を学生にします。

採用側はこの三要素で何を知りたいのか

重要！

― 1．あなたが、就職する目的はなんですか？

志望動機
①この学生はどんな軸で就職先をさがしているか？
②自分たちの会社をどう見ているのか？
③会社にどう貢献してくれる学生か？

― 2．あなたは、社会人として社会や組織で通用する性格・思考・行動が備わってますか？

自己PR
①自分の内面（性格や特長）をどう分析・認識しているか？
②上記の具体的な証拠を示しているか？
③自分の内面が社会でどう活かせると考えているのか？

3．あなたは、社会人として働くために役立つ経験をしていますか？

ガクチカ
①自分の経験をどう分析・認識しているか？
②上記の具体的な証拠を示しているか？
③自分の経験が社会でどう活かせると考えているのか？

> 「面接での「志望動機」、「自己PR」および「ガクチカ」などの「応答準備できる質問」に対しては、事前にどれくらいの長さ（尺）の応答を準備するべきでしょうか？」「先ほどの人物評価する際の面接官の様子がヒントです。」

　学生は様々な回答をしてきます。「簡潔に20秒〜30秒くらい」「2〜3分」などです。正解はないのですが、面接官を経験し採用に携わった方々の経験則からの回答は一様に「1分間」です。私も同じ意見です。

なぜか？たとえば志望動機を20秒〜30秒で回答した応募者に対しては、面接官の受け取る印象は、本来準備して回答できる質問を「本気で準備して来なかった者」あるいは「本気で自分たちの会社に応募しているか疑わしい者」といった評価をされる可能性があります。就労意欲や熱意も低く評価される可能性があるということです。そもそも、面接官が人物評価に移行するための次の質問をするのに必要なネタ情報も十分に伝えられていない者となっているからです。

　逆に志望動機を質問されて、1分を超えて、例えば2分以上話す者にはどんな印象を持つでしょうか？1分以上の時間を費やして応答している者には、面接官は早く質問に移行して「人物評価」をしたいとじりじりして待っている状態になります。特に読み上げると1分を超えるようなボリュームでESの記述を求められた場合は要注意です。ESを暗記して話すと数分かかることがあります。誤解してはいけません面接官は応募者がESに記述した通りの回答をしているか確認している訳ではないということです。応答時間が1分を超えると人物評価している面接官は、人物を評価するために観察に集中し、メモも詳細にはできません、せいぜい重要な単語をメモする程度です。長い応答だと短期記憶として最初の応答箇所が何だったか覚えてられないのです。学生には、面接官が早く人物評価の質問をしたいと思って面接者が話し終えるのをじりじりと待つ状態だと説明しましょう。

4-10 準備できない質問にはどう応答すべきか？

　定番の質問に準備して1分間の「準備した応答」をした後に面接官から質問される「準備できない」質問にどのように応答すべきでしょうか？

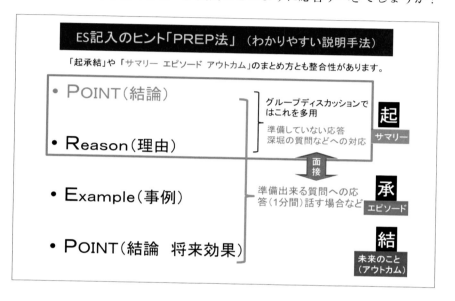

ES記入のヒント「PREP法」（わかりやすい説明手法）

「起承結」や「サマリー　エピソード　アウトカム」のまとめ方とも整合性があります。

- POINT（結論）
- Reason（理由）

グループディスカッションではこれを多用

準備していない応答
深堀の質問などへの対応

起　サマリー

面接

- Example（事例）

準備出来る質問への応答（1分間）話す場合など

承　エピソード

- POINT（結論　将来効果）

結　未来のこと（アウトカム）

　学生に次の問いかけをします。

> 「自分が定番の質問に1分間の準備した応答をした後、それに関連した面接官からの質問には、どのように応答すべきでしょうか？」

　この質問に対して学生はもっと長く応答すべきか？、簡潔に短く応答すべきか？考えます。ほとんどの場合、学生から確信的に「どのように答えるべき」と回答が来ることはありません。そこで私はこのように説明します。

面接で応答準備できる質問
志望動機や自己PRなどESで記入した内容など

事前に準備した
1分間の応答

上記応答した内容に対して質問される＝面接で応答準備できない質問

簡潔に
Point（結論）＋Reason（理由）
で応答

ここで皆さんの人物評価をしている

「準備できない質問に対して構成されたストーリーで話すことは、無理だと考えましょう。」「ここで必要な応答は、質問者が求めている情報をできる限りダイレクトに回答することだと考えます。結論ファーストという言葉を聞かれた方もあると思います。」「先ほどのプレゼンの基本構成であるPREP法を思い出してください。準備していない質問に対してPoint（結論）から先に伝えReason（理由）を付加して応答する方法です。」

　通常大学生は小学校から大学生まで基本的に前提条件を積み上げて結論を導き出す学習をしてきました。しかし、通常の仕事の場での会話はこれが逆転します。"結論から話し理由を伝える"ことがスタンダードになります。この応答が採用面接で社会人として「できる人物」かどうかの評価に大きく影響します。通常の就職活動での学生の面接練習の主要な課題だと思っています。

面接で問われる　想定質問　と　対応

○志望動機　（①どのような軸で就職先を探しているか②応募機関をどう認識・リスペクトしているか③どう貢献してくれるか）

●当社（機関）に応募した動機を教えてください。　→1分間程度の PREP を意識した応答を準備する

　　　以下は上記質問への応答に対して深堀される質問（単体での質問もあり）→簡潔に P＋R で応答可能

・大学の当該学部（研究科）を目指したきっかけは何ですか？

・採用後に最もやってみたいことは何ですか？

・同様の企業（機関）がある中で、なぜ当社（機関）を志望していますか？

・就職活動の状況を教えてください。（当社（機関）の志望度は？）

・長期的なキャリア目標を教えてください？

・転勤（や海外勤務）に対してどう思いますか？

面接で問われる　想定質問　と　対応

○自己PR（①内面（性格や特長）をどう認識しているか②上記の具体的な証拠③社会でどう活かせるか）

自己 PR をしてください。（長所短所を教えてください、自分のウリは何ですか？ 等）

　　　　　　　　　　　　　→1分間程度のサマリーとエピソードを意識した応答を準備する

　　　以下は上記質問への応答に対して深堀される質問（単体での質問もあり）→簡潔に P＋R で応答可能

・自分はどのようなタイプの人だと周囲から言われますか？（その理由も）

・最近の気になったニュース・出来事を教えてください。

・趣味・特技はありますか？　（あなたのストレス対処法を教えてください）

・将来のあなたの夢を教えてください。（将来のキャリア目標を教えてください）

・ワークライフバランスについてどう考えますか？

面接で問われる　想定質問　と　対応

○学生時代に力を入れたこと①自分の経験をどう認識しているか②上記の具体的な証拠③社会でどう活かせるか）

学生時代に打ち込んだことを教えてください。（学業、サークル、部活、ボランティア等）

　　　　　　　　　　　　　→1分間程度のサマリーとエピソードを意識した応答を準備する

　　　以下は上記質問への応答に対して深堀される質問（単体での質問もあり）→簡潔に P＋R で応答可能

・アルバイトの経験はありますか？

・組織の中では、どのような役割を果たすことが多いですか？

・これまで困難だったこと、問題にぶつかった経験とそれをどう乗り越えたか教えてください。

・好きな科目（得意な科目）は何ですか？

・苦手な人はいますか？今後そのような方とどう接していきますか？

・同時に複数の業務やマルチタスクが発生した際はどのように対処すべきだと思いますか？

○その他

その他：事前に ES にある程度の文字数を記述させられた事項

　　　　　　　　　→1分間程度のサマリーとエピソードを意識した応答を準備する

4-11 「結論ファースト」での応答の指導法 —即答練習—

　それでは、学生にどのように「結論ファースト」の応答を身につけさせるか。通常はキャリアコンサルタントが学生への模擬面接練習の際に「深堀の質問」や「事前に準備して応答できない質問」に対してエピソードから話し出したり、冗長な応答に対してその場その場で指摘して、意識させていくことが多いと思います。

　学生は、面接というオフィシャルな場面で緊張しながら応答することになります。面接ですので、質問を文字で認識するのではなく口頭での質問に自身の頭で考え応答することになります。上記の「結論ファースト」を模擬面接の練習で指摘され、理屈では理解していても実際の面接での応答場合では頭の中で回答の状況を想像し、考えながら回答するので言葉に出すと必ずエピソードや前置き的説明をしてからでないと結論の言葉は出てきません。要するに、思考回路を逆転して応答することになるので、考えながら「結論ファースト」で応答するのは非常に難易度の高いスキルが必要です。

　そこで私は、「結論ファースト」の応答を「反応」や応答の「ノリ」に置き換える練習を取り入れています。短時間でできる簡易な方法でしかも、確実に効果が期待できます。

採用直接の実践指導編

1	好きな色は何色ですか?
2	好きな食べ物は何ですか?
3	好きな飲み物は何ですか?
4	嫌いな食べ物は何ですか?
5	好きなフルーツは何ですか?
6	好きな動物は何ですか?
7	尊敬する歴史上の人物を教えてください。
8	気になるタレントを教えてください。
9	海と山とどちらが好きですか?
10	雨の日、晴れの日、曇りの日どれが一番好きですか?
11	1年で最も好きな季節はいつですか?
12	鬼ごっこをする場合、鬼と逃げる役どちらが好きですか?
13	寒い日と暑い日どちらが苦手ですか?
14	他人と直接会って話すのとリモートで話すのはどちらがいいですか?
15	他人と口頭で会話するのとチャットで会話するのはどちらがいいですか?
16	身体を動かすことは好きですか?
17	休日は何をして過ごすことが多いですか?
18	趣味は何ですか?
19	どんなジャンルの音楽が好きですか?
20	好きなスポーツは何ですか?
21	どんなジャンルのTV番組をよく観ますか?
22	ストレス発散の方法は何ですか?
23	好きな言葉を教えてください。
24	お金で買えるもので最も欲しいものは何ですか?
25	お金で買えないもので最も欲しいものは何ですか?
26	関西弁で好きな言葉を教えてください。
27	世の中の出来事・ニュースで気になることは何ですか?
28	あなたの地元の名物を教えてください。
29	日本人のいいところは何だと思いますか?
30	今、1億円あったら何に使いますか?
31	今、世界のどこかの国に行けるとしたら、どこに行きたいですか?
32	無人島に1つだけ持っていけるとしたら何を持っていきますか?
33	どんな人と友人になりたいですか?
34	あなたがこれまで人からもらって最もうれしかったものは何ですか?
35	あなたを色に例えると何色ですか?
36	今、一番興味を惹かれているものは何ですか?
37	好きな(得意な)学問分野は何ですか?
38	この大学の良いところは何ですか?
39	神様にお願いするとしたら、何をお願いしますか?
40	あなたは、どんな人が苦手ですか?
41	将来どのような人になりたいですか?
42	将来どのような暮らしをしたいですか?
43	人と接する際に心掛けていることを教えてください。
44	あなたは、どんな時にやりがいを感じますか?
45	仕事を選ぶ際に最も気にしていることは何ですか?
46	これまでで最も楽しいと思った経験を教えてください。
47	これまでで最も大変だと思った経験を教えてください。
48	今、不安に感じていることは何ですか?
49	30歳のあなたはどんな人になっていると思いますか?
50	40歳のあなたはどんな人になっていると思いますか?

上記表を使って、学生の応答トレーニングを実施しています。

様々な実施方法があります。基本は学生が2人1組になって、片方が面接官（質問）役、もう一方が応募者（応答）役です。単純応答から、実際の面接場面での模擬的応答まで3段階の応答練習をします。

【第一段階】単純応答　　（約2分程度）

　質問役の学生は、質問票の一番上から順番に次々に質問していきます。それに対して、応答役は、「回答」だけを単純に答えていきます。

　応答役には、できるだけ「エー」など無駄な言葉を発しない簡潔な応答を指示します。

（例）

（質問役）「好きな色は何色ですか？」（応答役）「赤色です。」

できるだけ沢山の質問に次々に答えていくことを目標に実施します。

質問票は質問役だけが見て、応答役は耳からの情報だけで考えて応答させます。

　面接セミナーでは、質問役と応答役を入れ替えて各自1回ずつ経験させます。

　応答役は、できるだけ大きな声で質問役よりも大きな声で応答することを試みさせるとより面接実践の効果も出ます。

【第二段階】単純応答＋理由　　（約2分程度）

　質問役の学生は、質問票の順番に関わらずランダムに質問して
いきます。それに対して応答役は、先ほどと同様に単純に「回答」
を応答して続けて「理由」を答えます。
上記同様に応答役は「その理由は」などの言葉を挟まず、簡潔に
応答するように指示します。
（例）
（質問役）「好きな色は何色ですか？」「赤色です。情熱的な色が
好きだからです。」
質問をできるだけランダムにして、次に何の質問が来るか予想で
きないように実施します。

　上記同様に、これも質問役と応答役を入れ替えて各自1回ずつ経験さ
せます。

【第三段階　完成】主語＋応答＋理由　約2分）

　　質問役の学生は、第二段階と同様にランダムに質問していきます。それに対して応答役は、実際のオフィシャルな面接と同様に必ず「主語」をつけて「回答」し、「理由」を答えます。この際に必ず質問役の質問の言葉を使用して答えるように指示します。

（例）

（質問役）「好きな色は何色ですか？」「私は赤色が好きです。情熱的な色が好きだからです。」

これも質問をランダムに次に何の質問が来るか予想できないように実施します。

質問役の質問の言葉をできるだけ使用して、質問に即応して回答する「ノリ」を作ります。

質問をオウム返ししても良いこととします。

（例）

（質問役）「好きな色は何色ですか？」「私が好きな色は赤色です。情熱的な色が好きだからです。」

　　この第三段階では、応答者は、質問役の質問の言葉をできるだけ使用して回答することがポイントです。通常の採用面接の場では、質問者への回答の際に自身の頭の中を整理しながら話す傾向があり、エピソードから話し出す方が多いです。結果、緊張していることもあって結論が中々回答できていなかったり、そもそも途中で何の質問であったか忘れる学生も発生します。この練習では、「まず、質問者の求める回答を最初に即応して回答しておき、理由を説明する」という基本を実際に理解させることができます。

　　キャリアコンサルタントの学生との1対1の面接練習としても取り入れ

ると「結論ファースト」が苦手な学生に効果があります。また、数十人
〜数百人規模の大規模な「面接ガイダンス」などでも、講師が質問を次々
に読み上げ、参加の各学生にその場で自身の応答を声出しさせる方法で
実施することができます。

　このトレーニングは短時間でできるだけでなく、参加学生に以下の3
つの効果が期待できます。

①「結論ファースト」での応答の基本を習得できる

② 質問に応答する面接実践練習の機会となる

**③ 予期せぬ質問にも自分がその場で応答ができることがわかり、面
接の不安を払拭できる**

　この練習は、質問が単純なので、学生自身でも友人や家族などと気軽
に練習することができます。慣れてくると非言語情報である表情や姿勢、
声の大きさなどテーマを決めて応答してみるのも効果があります。

4-12　面接練習　―実践―

　面接練習の真の目的は実際の採用面接の場面を疑似体験することで、「オ
フィシャルな場所で、自分のことを初対面の人に話す」際の緊張感であ
ったり、自身が伝える内容が採用に必要な情報として的確に伝えられて
いるかを確認する場です。その根底には「練習をして自信をつけたい」
という目的です。

　キャリアコンサルタントは、学生のこの目的を支援する立場で面接練
習していることを常に意識する必要があります。採用面接は人生でも数
多くありません。「慣れる」ほど経験している人はあまりいません。特
に学生は生涯初めての就職活動です。面接練習は沢山失敗しても良く、
厳しく指摘や助言をしても最後には必ず学生が「自信をつけて終了する」

必要があります。面接練習で自信を無くし、就職活動自体のモチベーションを下げてしまったり、面接の苦手意識を醸成してしまうような指導は避けるべきだと考えます。

面接練習の基本的流れ

最初に入退室のマナーを確認します。笑顔や動きで非言語情報が的確に出せているかを確認します。初めての場合は、最初に実演して見本を見せても良いと思います。

特に面接前に自身の名前を名乗る際に、早口で聞き取れない場合が多発します。自分の名前は最も大切な情報として相手に伝える必要があります。

P.149で示した「面接で問われる想定質問と対応」の表を使用して順次「志望動機」「自己PR」「ガクチカ」と質問し、学生が準備して1分程度の応答をしたら、その応答内容に関連した「準備できない質問」や「深堀質問」をしていきます。これには先ほどの即答練習と同じ「結論ファースト」で応答できているかを確認します。

基本的にエントリーシートに記述しているような「準備できる質問」への応答は、「サマリー」から話し出し、最後は「アウトカム（将来効果）」で話し終えると面接官が理解しやすく、話し終えたことも明確に伝わります。面接官の次の質問が出しやすくなり、面接のテンポも良くなる傾向があります。学生もエピソードの「アウトプット（実績）」で話終えた際は「アウトカム」を一言添えることを促すケースが多いです。

理系の学生

理系の学生対象の技術系採用の場合は、面接の最初の質問が「大学での研究内容について教えてください」や「専門分野について説明願います」など学生としての本分である研究や学問から開始される場合が多く

あります。その際に、専門性が高いニッチな学問や研究をしている学生は、専門外の面接官に理解されない可能性があるので専門用語を使うべきか迷いますが、私は専門用語を使うべきだと思っています。真摯に自身の学問に向き合っていることがわかるからです。ただし、専門用語だけで話終えても採用側が評価できない場合があるので、この場合も必ずその研究の「アウトカム（将来効果）」を伝えることを指導しています。これは研究職や技術職として自身の携わっている研究や専門が社会の何と繋がっているかを意識している学生として高く評価できるからです。企業で働く際に常に自身の研究や技術が世の中の社会課題に繋がっていることを意識している場合にビジネスチャンスも逃さないからです。興味の延長である大学での研究と投資が伴う企業の研究との大きな違いを理解している学生でもあり、評価されます。

面接での応答の基本

- 社会で通用する<u>敬語、丁寧語</u>を使用
- 面接官の顔を見て話す（口元からネクタイの周囲）
- 面接官よりも<u>大きな声</u>を心がける
- オフィシャルな<u>自己開示</u>を目指す（くだけ過ぎない）
- わからない質問には、<u>率直に</u>「わからない」と伝える
- エピソードから話し出さない。<u>最初に結論やポイントを伝えて</u>、エピソードに移る話し方を修得する
  （PREPを意識して応答　※次ページ）
- 原則1分以内に話し終える。（時間指定が無い場合）
- <u>聞かれたことを答えるだけの場ではない！</u>

4-13 面接練習の効果を本番にどう活かすか

　学生に一通りの面接練習を終えた後に、この面接練習をどう本番まで
に活かすか、説明する必要があります。私は、面接練習の意図を以下2
点を学生に伝え、今後自分で何をすべきかを伝えています。

　①面接というオフィシャルの場面で、初対面の他人に自分のことを伝
　　える「緊張感」を経験したこと

　②自分が準備して応答した内容に質問がされること

　この2点を実際に模擬面接で体験することで、自分一人の部屋で面接
の緊張する場面を想像して応答練習することで、実際の面接への対応力
と「慣れ」の効果が出てきます。

採用面接の本番までにすべきこと

- 面接のマナーを身に付けよう。事前にイメージト
レーニングを繰り返すこと（慣れの効果）

- 実際に「準備できる質問」の応答を何度も口に出し
て練習してみよう

- 自分の弱点や不安を感じたら、キャリア支援室の
個別面談で面接練習を受けてみよう

　自分で応答練習する場合も、文字に書いてあるESや模擬応答文を読
むだけや、頭の中でそらんじるだけでは、効果がありません。面接は人
に口頭で自分のことを伝える作業です。必ず声に出して何度も話すこと

が必要です。特に「準備できる質問への応答」は何度も声に出して練習すると、少しづつ言いやすい言葉に変更したり、小さな工夫が入ります。例えば、「志望動機」を10回練習で声出しで話してみると、10回とも同じではありません。少しづつブラッシュアップされます。何度も話した後に本番を迎えると「待ってました！」的なノリで応答できるようになります。

　声の大きさは自信を表すので、話す内容が確立し不安がなくなると、面接の基本である「面接官より大きな声で応答」できるようになります。私も面接官をしていて、自分よりも年が若い学生が自分よりも小さな声で応答してきたら、「覇気がないな」「元気がないな」という印象しか感じませんでした。

　そのことを伝え、本番まで学生自身での努力を促し、面接練習を終了します。

---

4. 採用面接の実践指導編　まとめ

－キャリアコンサルタントに必要な知識とスキル－
〇「採用面接」のための支援
　①面接試験は「知識を確認」する目的より「人物評価」が目的であ
　　ることを学生に理解させ,意識づけする方法を持つこと
　②面接には「準備して応答する質問」と「準備出来ない質問」があ
　　り、対策ができること
　③応答時に「サマリー」や「結論」から伝える意識が必要なこと
　④受け身ではなく、質問を利用して自身をアピールできる機会であ
　　ることを指導すること
　⑤学生自身で面接対策が可能なこと、その方法を支援すること

5

グループディスカッション指導編

5-1　グループディスカッション指導の方針

　就職試験で採用候補者を「人物評価」する手法として、面接が一般的です。面接と並んで民間企業や公務員の採用ではグループディスカッション（以下、「GD」と記します。）を人物評価に取り入れ、採用者を選考する場合が多くなりました。

　面接は、個々の人物に対して質問していき、応募者が「受け身」で応答するのに対して、GDは、応募者の「主体性」をはじめとして、具体的な「コミュニケーション能力」など多面的な人物評価にとても有効です。主に口頭で展開されるディスカッションだけでなく「グループワーク」としてグループでの作業を取り入れる場合も見受けられます。グループワークは、ディスカッションと異なり、そのワークの成果物を評価する側面もあり、応募者の発想力や創造性と組織での協調性やリーダー

シップなどの遂行能力を成果物から判定したい場合に使用される傾向があります[28]。

グループディスカッションセミナー
－GDを体験して、常識と対応スキルを身につけよう－

メニュー
1．グループディスカッション（以下、「GD」）とは
　①GDのスキル　②GDの流れ　③GDでの役割分担
　④GDのマナー　⑤発言でのPREP法
2．GDを通過できる人はどんな人？
3．模擬GDを体験しよう！
　①タイムスケジュール　②お題
4．GDの講評
　①各自での振り返り　②採用側の視点
5．セミナーのまとめ

　面接と同様に、採用側がGDをどのように人物評価に使用しているか、評価そのものが評価者の主観に左右されるものである限り、その対策も大変難しいものになります。また、GDはその時点での参加メンバーの個性により、議論の方向性や内容、結論も異なったものになる可能性が高く、予定調和で終わるものでもないため、再現性やディスカッションのコントロールが難しいという特徴があります。

28　当然、採用側がグループ「ワーク」を「ディスカッション」と同様の観点で実施する場合もあり、目的は、一律ではありません。

1.グループディスカッションとは

1. 面接手法の一つ。

2. 通常の面接でわからないことがわかる。

3. 大人数の中での学生個々人のコミュニ
   ケーション能力を見るには最適。

業界、企業規模の大小を問わず、採用選考に
グループディスカッションを取入れる
企業・役所は多い。

　そこで、GDスキルを学生に指導する場合には、学生自身にまずGDを「体験」させ、経験することで気づきを促し、自身で改善を見つけ、自信をつけさせていくアプローチが必要になると考えます。

　効率的にGDを「体験」させ、効果をあげるために「何も説明なしに実施」し、フィードバックすることで気づきとスキルを身につけさせる方法と「事前に必要最小限の掟やルールを説明して実施」する方法の2つが考えられます。

　私の就活スキルセミナーでは、毎回、参加学生に参加目的を聴取してから実施しています。これまでに開催したセミナーで聴取した参加学生の目的としては、

・「志望企業の採用試験でGDが課されるので、未経験なGDの進行やルールなどのイメージを掴みたい」

・「採用試験で採用側が応募者選考にGDをどう使用しているのか、何が評価されるのかを知りたい」

・「GDに参加するにあたっての注意点やどんなスキルを身に付ければ
　よいか知りたい」
といったものが多数です。

1.グループディスカッションとは
グループディスカッションのスキル

会社での新企画会議、業務改善会議など

同じ視点

就職活動でのディスカッション

社会人になっても必ず役立つスキル。

　そのため、私は、就活のトレーニングとしては、GDを実体験させる
参加者にイメージを掴んでもらうことを主目的にして、実施前に「必要
最小限のGDの一般的な流れや参加ルール」と「採用側がどのような観
点で学生を評価しているか」を説明してからGDを体験してもらうよう
に配慮しています。

5-2 GD体験前に行う「GDの基礎知識やルール」の説明

① 採用側のGDの位置づけ

　学生には、最初にGDも面接と同様に「人物評価」として実施されることを説明します。集団の中の応募者の状態を確認できるので、面接よりも、**より実際の職場組織内の応募者をイメージすることができる**ということです。これが非常に重要です。後で説明するGDの参加ルールや参加意識に大きく影響します。

② GDで採用側が確認している応募者の力

　GDの採用側の観点として、学生に最も説明しやすいのが「**社会人基礎力**」です。社会人基礎力として挙げられている12項目は全てGDで確認できるものです。社会人基礎力の一覧表を使って説明し、学生に再認識させます。

　特にGDの体験を控え、「社会人基礎力」のうち大項目「チームで働く力」は、コミュニケーション能力の各項目が並んでいます。特に「**発信力**」「**傾聴力**」は具体的にGDでの場面を想定して説明しておくと、その後に学生がGDを体験する際にすぐに実践を試みることができます。

経済産業省「社会人基礎力」

前に踏み出す力(アクション)	
	一歩前に踏み出し、失敗しても粘り強く取り組む力
主体性	物事に進んで取り組む力
働きかけ力	他人に働きかけ巻き込む力
実行力	目的を設定し確実に行動する力
考え抜く力(シンキング)	疑問を持ち、考え抜く力
課題発見力	現状を分析し目的や課題を明らかにする力
計画力	課題解決に向けたプロセスを明らかにし準備する力
想像力	新しい価値を生み出す力
チームで働く力(チームワーク)	
	多様な人々とともに、目標に向かって協力する力
発信力	自分の意見をわかりやすく伝える力
傾聴力	相手の意見を丁寧に聴く力
柔軟性	意見の違いや立場の違いを理解する力
状況把握力	自分と周囲の人々や物事との関係性を理解する力
規律性	社会のルールや人との約束を守る力
ストレスコントロール力	ストレスの発生源に対応する力

「**発信力**」は、ディスカッションで周囲の方に自身の意見を的確に伝える発言方法としてPoint（結論）＋Reason（理由）を基本にすることを伝えます。エピソードから話す冗長な発言は仕事でも「使えない人」の特徴です。

「**傾聴力**」は自分が他者の意見を聴いているだけでは他者に丁寧に聴き、理解していることは客観的に伝わりません。そのためにGD参加者が必ず意識しないといけない「傾聴力」のスキルとして「**うなずき**」「**あいづち**」「**復唱**」「**要約**」があることを伝え、実際にGD体験する際に実践してみることを促します。GDに参加し特別に目立つ発言ができなくても他者の発言を的確に「復唱」する人は議論を活性化させる効果を発揮し大きな存在感があります。

③ GD参加者に求められる意識とルール

　次に初めてGDに参加する場合でも知っておくべき、意識とルールを説明します。

・ **「必ず発言し敬語を使う」**：GDは、採用試験として実施されます。必ず発言しないと採用にはなりません。主体性にも疑問を持たれます。また、同年代の学生で議論していますが、仕事というオフィシャルな場での発言を評価しますので、敬語、丁寧語が原則です。

・ **「人の話を遮らず、否定しない」**：皆が建設的に意見を出せる環境を構築する必要があります。そのために参加者相互に発言を肯定的に受け止める雰囲気づくりが必要です。自分がその意見に反対の立場でも一旦は肯定的に受け入れ、その上で反対意見を伝えるような心構えが必要です。

・ **「自分ばかり発言しない、時間考慮」**：全員で議論し総意を反映するための議論です。自分ばかり発言する人や冗長な発言ばかりで時間を浪費する人は迷惑です。周囲の参加者が上記の「人の意見を遮らない」つもりでも、遮らざるを得ない状態を作り出してしまいます。

・ **「グループ全員が合格を目指す」**：これはGDを「採用の場」だと考えると「目から鱗」だと感じる学生が多くいます。例えばGDで参加者の誰が採用されるのかと考えて参加し、自分は積極的に沢山発言しており、隣の応募者が全く発言していない場合、隣は不採用で自分が採用されると考えてしまいます。しかしこの考えの持ち主はGDを通過することはできません。採用側は、GDを会社の仕事の場を想定し、参加者がどのように議論に参加しているかを評価しています。参加者全員の意見をできるだけ引き出し、より良いものを生み出す努力をしている人を評価します。そう考えると、隣の人があまり発言していないと認識し、その人も含めて全員でGDを通過するための努力をどう果たすかが参加態度として必要だとわかります。これは

GD体験前の事前説明で最も学生に意識させるべき情報だと思います。
・「見られている意識を持つ」：GDは一定時間を年齢の近い者で議論する場です。時間が経過すると緊張が解けて、慣れてオフィシャルな場にふさわしくないダレた態度になったり、貧乏ゆすりなど普段の癖が出てしまいがちです。慣れは必要ですが、オフィシャルな仕事の場での態度は常に意識する必要があります。

1.グループディスカッションとは
④グループディスカッションのマナー

1. 必ず、発言し、敬語をつかう。
2. 人の話を遮らず、否定しない。
3. 自分ばかり発言しない、時間考慮。
4. グループ全員が合格を目指す。
5. 見られている意識を持つ。

※態度が悪い人は、よく目立ちます。

5-3　GDの一般的な流れ

通常GDの実施方法や内容は採用側が設定しますので、進行の流れも決まったものはありません。しかし実施側は応募学生の主体性やリーダーシップや協調性など組織での状況を確認するために実施しているため、進行をGD参加者の自主性に任せることが一般的です。採用側は、GDのお題と議論時間を提示するだけで全体の流れは参加者に委ねられます。初対面のメンバーで議論をするわけですから決まりはないですが、概ね

以下のような流れが想定されます[29]。

「自己紹介」⇒「役割分担」⇒「ディスカッション（討議）」⇒「発表」

1.グループディスカッションとは
②グループディスカッションの流れ

1. 自己紹介
   → 大学名（学部名）・名前・一言ＰＲ
   （15秒程度を意識）
2. 役割分担を決める
   → 司会（リーダー）、書記、タイムキーパー、発表者
3. ディスカッション（討議）
   →個人の意見、議論（選択と深掘り）、総意
4. 発表
   →プレゼンテーションを想定（1分程度を意識）

●**自己紹介**：GDは初対面のメンバーで実施するので自己紹介は重要です。次の役割分担を決める際の参考になります。しかし、GDには制限時間があります。自己紹介で時間を費やすことは避けるべきです。決まりはありませんが氏名、所属、簡単な特徴を短時間（概ね15秒以内）で伝えるべきだと考えます。自身の自己紹介だけでなく周囲の者の自己紹介でどの位置の人がなんという名前かをメモしておくと氏名を出して議論したり、役割を他薦する場合などに有用です[30]。

29　応募学生の適性を判断するために実施者が役割分担を指名して実施する場合も当然あります。

30　GDは対面だけでなく、WEB上でリモートで実施される場合もあります。その場合は自身の設定により画面上の各参加者の表示位置が一致しませんが、画面の氏名等表示や役割表示をルール化するなどによりメンバーを把握する工夫が必要です。

●**役割分担**：GDを時間内に効率的に行うために、参加者の中から自然発生的に進行役や書記、タイムキーパー、発表役などを決める動きが出ることが一般的です。必ず役割を決めないといけないこともありませんので、進行役がタイムキーパーを兼ねる場合や議論してから最後に発表者を決める場合などもあります。どの役割が採用され易いかはないと考えましょう。どの役割もイコールコンディションです。自身の特長を出せる役割を自薦や他薦で分担することになります。ここで大事なのはどうやって役割を決めたか、全員の合意ができているかが大切です。

　採用側は「議論する」ことを伝えてGDを開始させています。役割を抽選で決めたり、希望者が2名いる場合にじゃんけんで決めるなど「偶然の要素」で決めた場合は、それを容認した他の参加者も含めて不通過となると考えてください。ここで最初の「①自己紹介」時の情報が役割を決める、他薦する際のヒントになり得ることがわかります。

GDを学生に体験させる場合は、GDの必要最小限の掟やルール等、上記までの説明で実際にGDを体験させる場合が多いです。しかし以下のGD体験後の解説も体験前に説明することもできます。

●**ディスカッション（討議）**：提示されたディスカッションのお題に対していきなり議論することは危険です。初対面の参加者同士でGDやお題に対する認識が異なっている場合があります。特に進行役は、発言ルール（挙手や順番に発言など）や与えられた時間内に議論を終了するためのタイムスケジュールを話し合い、全員で合意しておくことが大切です。また、お題が抽象的であったり、時間内にまとめられないような広範な話題の場合は、議論する対象の定義を決めたり、議論の対象や範囲を限定するなど議論に入る前に事前のインプット設定が大切です。これ

は進行役だけの責任ではなく、参加者の誰から提案しても良いと思います。先を見通す計画性や物事を俯瞰する力もアピールすることができます。

●**発表**：GDでは議論する場合に事前に「発表」を前提にすることが通常です。初対面の集団は、ややもすると発表が伴わないと遠慮がちの議論になったり、各自が「言いっぱなし」で責任を伴わない議論になりがちです。

　特に抽象的なお題の場合は、議論のインップットで定義や範囲を絞って開始しないと結論が出ない場合が発生します。そのために設定される発表は、短時間の設定です。またディスカッションの時間設定では、最後に発表者のための発表内容を整理確認する調整時間を確保しておく配慮も大切です。

1.グループディスカッションとは
④グループディスカッションの議論進行

インプット
　　1 自己紹介
　　2 役割り（どう決めたか）
　　3 時間配分や発言のルール
　　4 課題の整理（本質の見極め・定義）
　　5 グループの目標設定

プロセス
　　6 話し合い（カテゴリーを意識）

アウトプット
　　7 結論まとめ（発表内容確認）
　　8 発表

GDでの役割分担

　参加者間で自然発生的に議論を効率的に進めるために役割の必要性が提案され、自薦、他薦で概ね以下の役割分担を決めることが多いです。必ず全ての役割を決めるとは限りません、ただし、各役割は必ず全員の「同意」を得て決めておくことが必要です。

①**進行役（リーダー、ファシリテーター）**：議論全体の司会進行や発言の交通整理役です。

②**書記**：議論の記録役です。詳細な記録は不可能なので各参加者の発言の概要などを整理する役です。発表前に発表者が書記に重要な意見を逃していないか確認することもあります。GDにホワイトボードやWEBでのGDでの画面共有なども全員の議論共有のために工夫する場合もあります。書記は、発言が少なくなる傾向があります。自他共に書記役の方の発言機会を取る配慮が必要です。

③**タイムキーパー**：議論全体のタイムマネージメントの役割です。議論開始時に議論のタイムスケジュールを提案し全員に合意しておくと、他の参加者も進行に協力することができます。議論が白熱してる場合も冷静に時間を皆に認識させることも重要です。

④**発表者**：最後に全員を代表してディスカッションした内容を発表する役割です。自分の意見ではなくチームの意見を発表するので、発表内容を事前に全員に確認しておくことも大切です。その際には自らファシリテーターや書記に内容確認を促す必要もあります。発表の基本は、プレゼンの基本である「PREP法」を意識するとその場でも発表を端的にま

とめやすいと思います。また、議論が結論に至らなかった場合は、やむを得ずチームでのディスカッションの経過を発表することもあります。

⑤**無役の人**：5人以上の参加者でGDを実施する場合、上記役割を決めていくと必ず何も役を持たない人が発生します。この場合も全く不利にはなりません。逆に自由なので議論全体を俯瞰して意見を出したり、各役割の人をサポートするなど全ての役割に関わることができます。

1.グループディスカッションとは
③グループディスカッションの役割分担

①司会（リーダー）
→リーダーシップ、「決める」力、議論をコントロール

②書記
→まとめ役、記載用紙の見やすいレイアウト

注意！
あくまでも一例です！

③タイムキーパー
→タイムマネージメント、時間配分を提案

④発表者
→プレゼンテーション、結論⇒理由⇒事例⇒まとめの順

⑤無役の人
→各役に役割を担わせる配慮、全体を見渡す力

ES記入のヒント「PREP法」（わかりやすい説明手法）

「起承結」や「サマリー　エピソード　アウトカム」のまとめ方とも整合性があります。

- POINT（結論）

グループディスカッションではこれを多用

準備していない応答　深堀の質問などへの対応

 起 サマリー

- Reason（理由）

面接

- Example（事例）

準備出来る質問への応答（1分間）話す場合など

 承 エピソード

- POINT（結論　将来効果）

 結 未来のこと（アウトカム）

5-5 　GDの体験

　上記説明の後に学生に実際のGDを体験させます。お題を提示すると
そこに意識が行ってしまうので、先に基本のコミュニケーション「うな
ずき」「あいづち」「復唱」[31]「要約」を自身で実際に試すことを再度伝
えておく必要があります。

３．模擬グループディスカッションを体験しよう！

まずは、やってみよう！

今日は

たくさん失敗して大丈夫！

31　WEBで実施されるGDで発言ルールを設定する場合は、「復唱」は対面でのGD
　　よりも難しい傾向があります。挙手して指名されてから発言するケースだと「今の
　　発言は・・・・ですね?」「・・・との認識でよかったですか?」といった疑問形と
　　して発言することになることが多いです。

174

5-6　GDのお題とディスカッション開始

　GDのお題と時間を参加者に伝え「開始してください」とアナウンスしたら後は参加者に全てを委ねます。議論が時間前に終了する場合もあるので、必ず全員で終了を確認してもらうことを伝えます。

5-7 GD体験終了後の講評

　GD中は、各参加者の非言語での状況や発言内容の概要をできるだけメモしておき、終了後に採用する立場から「良かった点」を伝えます。できていなかったことや拙い箇所を指摘するよりも先にできた点や全体に影響を与えていた点を参加者全員について講評として伝えます。その際に発言の方法としてPREP法のPoint（結論）＋Reason（理由）で発言する必要があること。このことが仕事の場での発言方法の基本であることを伝えます。ここで参加学生が各自で自分がこの発言をしていたか思い出します。

　GDを体験した学生は自身がどのように採用側に評価されるのか気になります。そこで「**グループディスカッションに通過できる人**」の特長として全体の「**同意形成**」にどれだけ貢献できたかの意識を持たせます。たとえば、非言語で「うなずき」を一生懸命にして議論を活性化させたことや、肯定的な「復唱」で皆の理解が促進されたことなどを具体的に先ほど終わったGDの事例から具体事例を説明すると理解が進み大きな効果があります。

　私は、長年のGD指導で講評時に各役割の学生が議論を活性化させることができなかったり、発展させるタイミングを逃したりした場面を必ず今後の教訓として伝えています。しかし、このGD指導編では、最初に述べたとおり、参加者により毎回異なるGDとなる性格上、具体的にお伝えすることは避けておきたいと思います。

２．グループディスカッション を通過できる人は？

常にグループ各員の
　　　「同意形成」
　　　　　　　　を図る意識を持ち
グループディスカッションに参加している人です。

<u>大切なキーワード</u>：「同意形成」を図る

４．グループディスカッションの講評 ②採用側の視点

１．自分たちの仲間として組織に参加できるか？
（コミュニケーション能力）
　・自分の意見をわかりやすく伝えることができているか？
　・相手の意見を丁寧に聴くことができているか？
　・意見の違いや立場の違いを理解することができそうか？
　・自分と周囲の人々との関係を理解できそうか？
　・ルールや規律を守れそうか？

２．仕事をする能力があるか？
　・物事に進んで取り組めるか？
　・現状を分析し目的や課題を明らかにできるか？
　・新しい価値を生み出せそうか？

5-8 GD体験終了後の参加者相互のフィードバック

　GD体験の最も重要なものが参加者各自のフィードバックとそれを共有することです。GD自体が毎回異なった参加者が異なるお題で実施するので、予定調和はありません。各自がGD体験中にどう感じていたか、他者のどのような点が良かったかを確認して共有することで次回のGDに活かすことができます。参加者一人一人に以下の4つの質問を簡潔に答えてもらいます。

1. **どんなGDでしたか？**：単純な感想です。どんなことでも自由に感じたことを伝えさせます。
2. **自分のマナー・発言で気づいたことは？**：開始前にGDの掟やルールを解説しているので実践できたか、意識していたかの確認です。
3. **他者の発言などで良かったこと**：この気づきは、見習うことで次回の自身のGD参加に活かすことができます。
4. **「同意形成」への配慮ができましたか？**：GDへの貢献と組織に必要な配慮などを気づきを確認します。

３．グループディスカッションの講評
①各自での振り返り

今実施したGDについて感想

1．どんなＧＤでしたか？ (10秒)

2．自分のマナー・発言で気づいたことは？ (10秒)

3．他者の発言などで良かったこと (10秒)

4．「同意形成」への配慮できましたか？ (10秒)

5-9　GD体験指導の終了

　GDの実践を経て、次回に活かすために再確認事項を説明し終了します。この体験は1度ではなく苦手意識のある学生は複数回参加することで、明らかにスキルが向上します。このことも紹介し、単に就職活動としてのスキルではなく、就職後に会社や組織の様々な場面で必要なスキルを学んでいることを再確認させ終了します。

---

5. セミナーのまとめ

- ・グループディスカッションは、
  1. 参加者全員が採用されることを目指す！

  2. 議論を肯定する（否定しない）
     「多数決」や「じゃんけん」で決める×
     　　↑グループ全員が選考不通過です！
  3. 結論を簡潔に人に伝える
     ＝面接でのスキル＝仕事で求められるスキル

---

5. グループディスカッション指導編　まとめ

－キャリアコンサルタントに必要な知識とスキル－
○「グループディスカッション対策」のための支援
　①グループディスカッションも「人物評価」の目的であるが、面接以上
　　に主体性やコミュニケーション能力を評価しやすいことを学生に説
　　明する知識が必要なこと
　②発言だけでなく、表情やうなずき、相槌などの非言語情報や復唱、
　　要約といった議論を活性化させるスキルが求められることを説明
　　できること
　③数多く体験することで学生自らが他者の様子を自身に取り入れる
　　など成長が期待できるので必ず学生にフィードバックをさせること

大学で支援した学生から寄せられたフィードバック

○私は就活を始めた時、何から始めていいか分からずESの通過率も奮わず、悩んでいたときに先生の少人数就活セミナーに参加しました。これまで他の就活系のwebセミナーに参加した際には掴めなかった手応えがあり、習った方法でESを書くと、どんどん通過率が上がりました。今でもESを書く際のお守りとして頂いた資料を大切に保管し、何度も目を通しています。就活初期にセミナーを一通り受講しておいて良かったと思っています。（社会学系学部生）

○1年間お世話になりました。ESが通過せず周囲と比較して悩んでいた時には、優しくも的確にご指導いただき自分の中で何かを掴んだのを今でも覚えています。最終的に複数の企業から内定をいただくことができ、納得した形で就職活動を終えることが出来ました。（理系修士大学院生）

○面接や集団討論の少人数セミナーでお世話になりました。的確なアドバイスと信頼できる話し方をしてくださり安心して就職試験に臨むことができました。友人から「三野さんすごいよ！」と教えてもらい参加しました。無事希望の公務員になることが出来ました。（経済系学部生）

○大変お世話になりました。内定式も無事終わり、来年からは第一志望の研究開発職に就職することになりました。私は、GDセミナー3回、個人面談6回、面接セミナー1回と、就活中にはたくさん利用させて頂きました。右も左の分からない就活の中で、先生のセミナーや個人面談等は、大変心強いものでした。先生のアドバイスは、就活生を否定せず、包み込むようなものでした。心が不安定になりやすい就活という時期において、自信と自負を持って、面接などに臨めたのは、温かい声掛けのおかげでもあったと思います。他大学の就活生に聞いても、ここまでキャリア支援が充実していて、身近に感じられる存在というのは、少ないみたいです。（工学系修士大学院生）

○私はES基礎セミナーや、個人面談でお世話になりました。特に個人面談では、基本的なマナーだけでなく、IT業界で頻出の質問など、面接予定の企業を想定した対策をしてくださり、自信を持って面接に臨むことができました。おかげで、第一志望の企業へ内定を獲得できたといっても過言ではありません。来年の4月から、魅力的な会社で日本のために働けることが楽しみです。（経済系学部生）

○就活で何から始めればよいのかわからなかった時に、研究室の先輩から先生の少人数セミナーの受講を薦められて自己分析の仕方やESの書き方、面接のポイントなど丁寧に教えていただきました。その後の個人面談で添削などを経て理解が進み、おかげで順調に就活が進み、第一志望に合格出来たことを本当に感謝しております。ありがとうございました。（農学系修士大学院生）

○何度も個人面談でお世話になりました。親身になってご相談に乗っていただき、感謝しております。就職活動中は不安でいっぱいでしたが、理解しやすい説明で的確な情報をいただき、無事就職活動を終えることができました。（理学系修士大学院生）

○先生には、就活についての基礎的な内容から応用まで幅広いご指導をいただき、就活のノウハウを学ぶことができました。また、個人面談では、ESの添削だけでなく温かい励ましのお言葉をいただき、就活で不安を抱えていた私の励みとなり、無事希望の企業の内定を頂くことが出来ました。（生物学系修士大学院生）

○何も就活のことがわかっていなかったところから、とても丁寧にどういうところが大事で採用側がどういうところを見ているかなど、わかりやすく伝えていただき、とても理解しやすかったです。内容が実践的で後から何度も見直せる資料も必ずいただき、個人面談での添削も一人の一人の学生にこれだけの事をしていただけるのか、と驚くほどの充実した内容でした。自身でブラッシュアップして見つめ直すのにとても役に立ちました。（福祉系学部生）

○就活初期の右も左もわからないときに、先生の少人数セミナーを自己分析から順に受けていくことで、就活の基本情報や対策を学べたことが良かったです。就活に関する本や記事、情報が多すぎて、何から始めればわからず困っていたので非常に助かりました。的確な支援で情報をいただき不安感を減らしモチベーションを上げるのに役立ちました。　　（法律系学部生

○少人数の双方向セミナーでお世話になりました。毎回、学生と会話しながら私にもできそうと思える内容で理解することができ、就活に対する不安が減りました。おかげさまで無事に内定をいただくことが出来ました。（工学系修士大学院生）

○個人面談や少人数セミナーでお世話になりました。先生の就活支援には、常に短い時間の中に自分が知りたい情報や先生が伝えたい大切な思いがギュッと詰まっており、超難関の企業に自由応募で内定をいただけたのは自信になりました。これからの人生においても支えになるようなものが築けたように思います。（経済系学部生）

○当初面接やESに対して強い苦手意識がありましたが、先生の面談ですべきことが明確になり、必要以上の不安を取り除くことができました。結果として第一志望先から内定をいただくことができました。ありがとうございました。（工学系学部生）

あとがき

　ここまで、求職者、特に学卒求職者に対して必要な支援について、私の日々の経験則に基づき拙いながらも記させていただきました。特に「2. 自己分析支援編」から「5. グループディスカッション体験指導編」までについては、セミナー形式で事前に各参加者から参加目的を聴取し、セミナー開催中も常に質問できる状態でインタラクティブ（双方向）に実施しています。本来「正解」がない就活スキルに対峙するにあたり、個別対応が基本であり少人数の学生対象だとしても、キャリアコンサルタントという本来一人一人の個別キャリア形成に関わる対応として決して理想の取組みとは言えません。

　しかし、キャリアコンサルタントがＣＬ（相談学生）との良好な関係構築の陰には、「採用されるためのスキル」を支援できる力が備わってはじめて、信頼という付加価値が与えられると信じています。個々のＣＬへのコンサルタントにも活かして初めて完成です。

　本冊子の目的は、「はじめに」で記述させていただいたとおり、キャリアコンサルタント資格の取得だけでは対応が困難なＣＬから相談支援を求められる「採用されるためのスキル」をどう支援するかについて限定的にご紹介しているに過ぎません。ＣＬ個々人が自分のキャリアに向き合い自身の判断で就職活動に挑むきっかけとしての役割でしかないことを最後に記しておきます。

　この冊子を執筆するにあたり、大阪公立大学中百舌鳥キャンパスキャリア支援室のスタッフの皆さん、特に藤木希実子さん、黒田景子さん、湯浅彩さん、大江幸太さんには多大なご支援をいただきました。また学生課の田上絢子さんにはイラストの提供いただきました。この場をお借りして厚くお礼申し上げます。

三野　明弘

著者紹介

同志社大学経済学部卒。積水ハウス社員を経て、文部省（現文部科学省）に任官。
大学行政や組織・人事評価などに従事。国家公務員や国立大学法人等職員の採用経
験のほか、厚生労働省労働局相談員や社会保険労務士会総合労働相談委員、個別労
働関係紛争あっせん委員。大学キャリアセンターや労働局で若者の就労支援コーデ
ィネーターを担当。心理カウンセラー、国家資格キャリアコンサルタント、特定社
会保険労務士資格を活かして複数の大学でキャリアデザインや労働者保護法令の講
義を担当。2020年から2023年10月末まで大阪公立大学中百舌鳥キャンパスキャリア
支援室室長（大阪府立大学キャリア支援室長）。

OMUP

大阪公立大学出版会（OMUP）とは
本出版会は、大阪の5公立大学－大阪市立大学、大阪府立大学、大阪女子大学、大阪府立看護大学、大阪府立看護大学医療技術短期大学部－の教授を中心に2001年に設立された大阪公立大学共同出版会を母体としています。2005年に大阪府立の4大学が統合されたことにより、公立大学は大阪府立大学と大阪市立大学のみになり、2022年にその両大学が統合され、大阪公立大学となりました。これを機に、本出版会は大阪公立大学出版会（Osaka Metropolitan University Press「略称：OMUP」）と名称を改め、現在に至っています。なお、本出版会は、2006年から特定非営利活動法人（NPO）として活動しています。

About Osaka Metropolitan University Press (OMUP)
Osaka Metropolitan University Press was originally named Osaka Municipal Universities Press and was founded in 2001 by professors from Osaka City University, Osaka Prefecture University, Osaka Women's University, Osaka Prefectural College of Nursing, and Osaka Prefectural Medical Technology College. Four of these universities later merged in 2005, and a further merger with Osaka City University in 2022 resulted in the newly-established Osaka Metropolitan University. On this occasion, Osaka Municipal Universities Press was renamed to Osaka Metropolitan University Press (OMUP). OMUP has been recognized as a Non-Profit Organization (NPO) since 2006.

キャリアコンサルタント資格取得後の教科書
—学卒就職支援現場で必要な知識とスキル—

2023年11月10日　初版第1刷発行

著　者　　三野　明弘
発行者　　八木　孝司
発行所　　大阪公立大学出版会（OMUP）
　　　　　〒599-8531 大阪府堺市中区学園町1－1
　　　　　大阪公立大学内
　　　　　TEL　072（251）6533　FAX　072（254）9539
印刷所　　和泉出版印刷株式会社